中国青少年百科全书

彩图版

黄　炜◎主编

交通军事百科

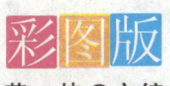

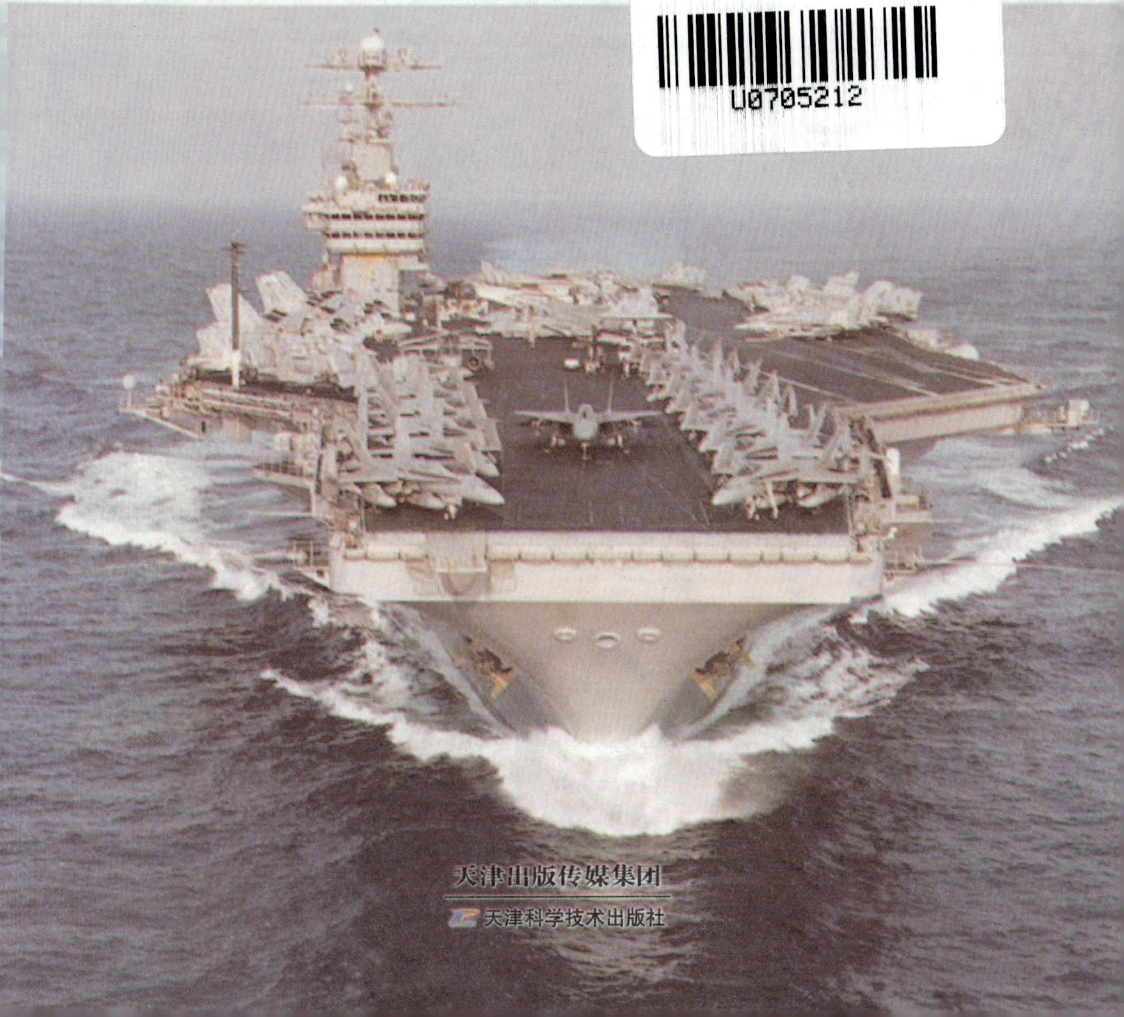

天津出版传媒集团
天津科学技术出版社

前言 FOREWORDS

古往今来，人们利用各种交通工具延伸着自己的脚步，扩大着自己的生活范围。从最初的以马、牛代步，到现在的汽车、轮船、飞机，人类的交通工具经过了一个长期的发展过程。在此过程中，有着很多发明家和科学家付出的努力和心血。有过成功，也有过失败，但人们从来都没有放弃过对梦想的追求。假想要是没有前人的艰难探索，现代的人们又怎能享受到交通工具带来的种种便利。

伴随着交通工具的不断改进，人类的科学技术也在迅猛发展，在每一个时代，最先进的科学技术总是先应用在军事目的上，然后才传播到民间。人类社会步入20世纪以后，科学技术带动兵器发生了巨大的变化，发动机技术的变革使坦克、飞机和新式舰艇走上了战争舞台，发挥出巨大的作用；电子技术使人类战场出现了通信设备、雷达设备和制导设备，真正实现了运筹帷幄、决胜千里的梦想。

本书分为交通和军事两个部分，按照时间顺序讲述了交通工具和军事武器的发展历程以及对未来交通工具和军事武器的展望。全书内容丰富，涉及面广，文字浅显易懂，配以图片形象说明，呈现出多姿多彩的面貌，能够使读者在轻松的阅读中直观感性地掌握书中的内容，真切地体会到科学技术的闪光点。

城市的血脉
陆上交通

8 早期的滑板——橇
10 亲密力量——轮子和车子
12 最早的代步工具——自行车
14 蒸汽动力的发现——蒸汽机和内燃机
16 疾驰的快感——摩托车
18 走进四轮驱动——汽车的发明
20 方便的巴士——公共汽车
22 租来的私家车——出租车
24 大众的宠儿——轿车
26 最早的军用车——吉普车
28 特殊的车——特种车
30 路上彩虹——立交桥
32 闪耀的品牌——汽车的标志
34 蒸汽开动火车——蒸汽机车
36 火车驶入历史
38 跑得更好——火车的完善
40 在地下奔跑——地铁
42 飘浮的动力——磁悬浮列车

水世界的使者
水上交通

46 飘浮的障碍——早期水上交通
48 船的雏形——筏
50 新的动力——桨和桨船、帆船
52 运输液体的轮船——油轮
54 舒适的旅程——客轮
56 运货的轮船——货轮

最初的飞翔梦
空中交通

60 拥抱蓝天——飞机的发明和发展
62 垂直起降——直升机
64 喷气的动力——喷气式飞机
66 飞在水面上——水上飞机
68 去往更远的空间

刀光剑影的时代
冷兵器时代

72 刀光剑影——冷兵器时代的开始
74 冷兵器的缩影——十八般兵器
76 驰骋战场——战车与战船

战火纷飞的时代
热兵器时代

80　火神的咆哮——热兵器
82　手持小炮——手枪
84　枪中之王——步枪
86　用血写历史——机枪
88　手中机枪——冲锋枪
90　枪械名家——著名枪械设计师
92　枪族食粮——子弹
94　火写的历史——炸弹
96　智慧的炸弹——导弹
98　战争之神——火炮
102　多种多样——炮弹

现代战场的主力兵器
战车、舰艇和飞机

106　轮子上的堡垒——坦克
108　攻防兼备——装甲车
110　海军的骄傲——军用舰艇
112　游动的领土——航空母舰
114　舰队之眼——巡洋舰
116　海上警卫——护卫舰
118　海上火炮——驱逐舰
120　水下蛟龙——潜艇
122　翱翔的战鹰——军用飞机
124　天空霸王——战斗机
126　死亡乌云——轰炸机
128　空中间谍——侦察机
130　惩罚者——攻击机
132　空中百灵鸟——武装直升机
134　电子克星——预警机和电子战飞机

大规模杀伤性武器
核生化武器

138　愤怒的上帝——核武器
140　可怕的噩梦——生化武器
142　科技改变世界——未来新式武器

城市的血脉
陆上交通

在这个精彩的世界里,四通八达的道路可以让人们去往任何一个地方。可以说,路就像是一条条"血脉",连通着世界的每个角落。各种交通工具,就像是流动在"血脉"里的"血液",运送着形形色色的人和物。假想有一天,这些交通工具离开了我们,人类面对的会是一个举步维艰的局面。

早期的滑板——橇

在依靠人力或畜力驮运的时期，人们逐渐发现拖拉似乎更省力一些。它省去了把东西搬上搬下的程序，进而也就省去了搬运的力气。从日常拖拉东西中受到启发，人们开始把需要运送的货物放在木板上，通过人或牲畜将其拉到目的地。这样看上去似乎有点像我们今天的滑板，但是在轮子发明之前，人们只在木板下装上了特制的木架用以省力。

在雪地上滑行

雪橇现在被视为一种娱乐活动和运动项目。但是在早期，它却是人们拖运货物的一种主要工具。特别是在一些气候相对寒冷的国家和地区，雪天较多，雪地上的摩擦力小，把货物放在雪橇上面拉着走，是一种极为省力的办法。

小孩在玩雪橇

金属橇

雪橇比赛

现代雪橇运动分为有舵雪橇和无舵雪橇。最初的有舵雪橇是将两个单人雪橇并在一起，前后用木板连接，从雪山高处滑下，用前面的雪橇来控制转弯，以后逐渐引起了人们的兴趣。无舵雪橇要求运动员仰卧在雪橇上，沿着冰道快速滑下，而冰道多被设计为"S"形，雪橇下滑速度又十分快，因此滑行过程精彩刺激。

雪橇的动力

雪橇要在光滑的雪地上行驶起来,除了靠人拉、马拉之外,主要的动力是来自于专门的雪橇犬。其中最著名的是西伯利亚雪橇犬,它可以拖着重量较轻的货物行进较远的距离,并始终保持中等速度。它们身材中等,步伐平稳,脚步轻快,拉着雪橇行走,不会有忽快忽慢的感觉,很平稳。但由于它们身材不是很大,因此不能拖动很重的货物。

西伯利亚雪橇犬

安全驾驶

雪橇在人们的印象中似乎是一件充满浪漫色彩的交通工具。因为每逢雪花绽放的季节,圣诞老人就会驾着雪橇给我们送来新年礼物。人们常说"安全第一",在驾驶雪橇的时候也是这样。这就要求驾驶员在驾驶过程中应尽量靠近雪橇中心,将重量尽量集中在中心点。这样,雪橇在转弯过程中,人不会由于离心力的作用而被甩出去,而且驾驶员也可以更好地控制雪橇。

亲密力量——轮子和车子

在交通史上,人们已经使用了驮和拉,但始终还是觉得这些都不是最便捷、最省力的方法。经过长期的探索,有人发现了转动可以产生神奇的力量,于是轮子出现了!在发明了车轮之后,人们还在不断探索着交通工具的新发展,希望一切都能尽善尽美,能为人类提供最大限度的便利。于是,人类开始了对车轮的进一步改良……

由移动到滚动

轮子的出现使人们以一种全新的方式在陆地上运动,它较为明显地提高了陆地上人类搬运货物的本领。从原来机械的拖、拉式的移动,变为一种巧妙的滚动方式,大大减少了物体在移动时与地面间的摩擦,自然也就省去了克服摩擦所耗费的力气。

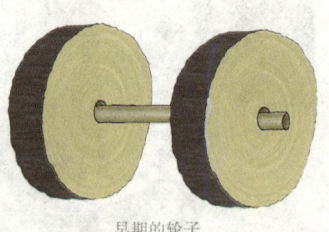
早期的轮子

轮子的驱动

铜车马

马车是使用较为普遍的一种交通工具,在中国至少有3 000年的历史。马车分为四轮马车和两轮马车,在当时是权力和身份的象征,只有王公贵族才能乘坐。1980年冬天,在中国秦始皇陵出土的铜车马,制作工艺精湛,车马造型完整,真实、具体地反映了秦始皇时期我国马车的原貌,对人们研究古代车马制度、金属冶炼技术和雕刻技术等,都具有十分重要的历史意义。

古埃及人用轮子把掠夺来的文物往埃及运送

时代的进步

轮子的发明使人类进入了交通运输的新时代。然而随着时代的不断发展,人类对轮子也做了很多改良,轮子的发展也逐渐进入新的时代。到目前为止,轮子的发展先后经历了辐射车轮、木制车轮、辐射状钢轮、金属线辐射状车轮、塑钢车轮、合金车轮等阶段。

木车轮

铁车轮

塑料车轮

合金车轮

给轮子"穿衣服"

最初的车轮是由坚硬的木头制成的。车子在行驶过程中,碰到路面上的障碍物很容易产生较大的颠簸,对轮子的磨损也相当严重。早在1836年,比利时人迪埃兹就曾提出过充气轮胎的想法。1845年,英国的罗伯特·汤姆森将空气压缩充入弹性气囊,用皮革和涂了橡胶的帆布做成了最初的轮胎,把它包裹在车轮边沿上,起到了一定的减震作用。

橡胶轮胎

花式外套

为了能够更好地提高轮胎的性能,1908～1912年之间,人们在轮胎表面作上了凹凸有致的花纹,从而开始了轮胎胎面花纹的历史。随着轮胎工业的不断发展,轮子不再只"穿"着单一的表面光滑的外套,而是有各种各样花型的外套可供选择。这样,既提高了轮胎的抗摩擦性,也在一定程度上延长了轮胎的使用寿命。

凹凸有致的花纹轮胎

最早的代步工具——自行车

自行车是现代使用较多的一种交通工具，可以说，它是我们最早使用的代步工具。在有了马车、牛车等一系列运输工具后，人类开始寻找一种更为便捷的工具。原因在于，一来马车等的存放会占用较大的空间，二来饲养这些牲畜也要花费一定的时间和精力。

第一辆"木马轮"

最早的自行车结构非常简单，前后是两个木质的轮子，中间用横梁相连，上面安了一个板凳供骑车人乘坐，人们称它为"木马车"。它是由一个名叫西夫拉克的法国人在1790年制作完成的。工艺相当简单，没有传动链条、没有转向装置。要靠骑车人双脚蹬地前行，而且还不能拐弯，所以要想把它骑好也不是件容易的事。

1818年，卡尔·德莱斯发明的木质两轮车，只能用双脚蹬地前进。

1861年，皮埃尔·米肖制作的三轮自行车，前轮安装了脚踏装置。

逐步改良

刚刚出现的新事物总是不那么完善，人们在继续想办法改进。1818年，德国人德莱斯给他"可爱的小马崽"加上了控制方向的车把；1840年，英格兰的麦克米卢在后轮的车轴上装上曲柄，再用连杆把曲柄和前面的脚蹬连接起来，骑车人双脚交替踩动，车子便会行驶起来，真正使骑车人的双脚离开了地面。1861年，法国的米肖父子在前轮上安装了能转动的脚蹬板，并且将这种车改名为"自行车"。1869年，英国的雷诺采用钢丝辐条拉紧车圈作为车轮，利用细钢棒制成车架，减轻了自行车自身的重量。

1870年，英国人斯塔利设计出这种前轮大、后轮小的自行车。当时拥有这种自行车是一件很时髦的事。

现代自行车的诞生

从1790年开始，人们制作出的5种形式的自行车都与现代自行车差别较大。真正意义上具有现代形式的自行车，是1874年由英国的罗松研究出来的。他给自行车装上了链条和链轮，实现了用后轮的转动来带动车子前进。1886年，英国的斯塔利将前叉和车闸装在自行车上，将其前后轮的大小统一，用钢管制成了菱形车架，还首次使用了橡胶车轮。他被称为"自行车之父"，是因为他还改进了生产自行车部件的车床，使自行车实现了大量生产。他所设计的自行车车型已经与今天的自行车很相似。1888年，英国人邓洛普把充气轮胎装上了自行车，这是自行车发展史上的一个划时代的创举。

自行车的结构

电力车

电力驱动

蓄电池的应用使自行车发展进入了一个新时期。蓄电池内部的填充材质经过化学反应产生电能，并且通过特殊的方法向外接设备供电。将蓄电池应用在自行车上，就成为电动自行车。它是以蓄电池为驱动，同时也可以人力骑行，外形与普通自行车差不多。安装在上面的蓄电池，可以单独拆卸下来进行充电，只是它的重量比较大。

自行车比赛

蒸汽动力的发现——蒸汽机和内燃机

蒸汽机和内燃机都是一种动力驱动装置，它们的出现凝结了众多科学家探索和研究的心血，它们使车轮的转动摆脱了人力和畜力，给人类的生活带来了翻天覆地的变化。内燃机的出现时间晚于蒸汽机，但它具有良好的工作性能，经过不断改良，它一直使用延续到今天。今天常用的各种交通工具，大部分都是靠内燃机驱动的。

最初的发现

在瓦特发明蒸汽机之前，就已经有人发现蒸汽可以产生动力。古希腊的工程师希罗早在2 000年前左右就制作了一个靠蒸汽驱动的空心球，在蒸汽的作用下，这个空心球可以不停转动。此后，他又根据这一原理制作出一种可转动的女神像和可以自动打开和关闭的大门。这两项发明都用于宗教活动，使用范围非常小，但它们却是人类最早将蒸汽产生的动力转化为一种运动的发明。

希罗的蒸汽机

萨弗里的蒸汽提水机模型

最终的完善

在完成了分离式冷凝器的发明之后，瓦特没有停止对蒸汽机的研究。1768年，他制成了一台单动作蒸汽机，采用气缸外设置绝热层，并且用油润滑活塞。1781年，他又发明了行星式齿轮，使蒸汽机活塞的运动变为旋转式。1782年，他发明的大动力的"双动作蒸汽机"获得专利。1784年，为解决双动作蒸汽机的结构问题，他又发明了平行运动连杆机构。1788年，瓦特发明了离心式调速器和节气阀，用来自动控制蒸汽机的运转速度。1790年，他发明了蒸汽机配套用压力计。至此，瓦特完成了整套蒸汽机的发明。

瓦特的蒸汽机

内燃机的工作原理

内燃机是将燃料引入气缸内,燃料与空气混合燃烧后,产生高温高压气体。这种气体在瞬间急剧向外膨胀,在对外做功的过程中推动活塞运动,从而带动外接设备开始运转。经过不断的压缩、燃烧、膨胀、排气等过程,循环往复,机器也就不停地工作起来。

发动机原理图

1890年的内燃机

内燃机的发明和发展

1820年,英国人W.塞歇尔发明的以煤气为燃料的内燃机成功地实现了每分钟运转60转。1833年英国人W.L.莱特突破以往真空机的理论,发明了爆发式发动机并获得专利。1859年,勒努瓦设计用照明瓦斯作为燃料,制造出了第一台实用型内燃机。1862年,法国工程师罗沙提出了"预先压缩可燃气"的方法,用以提高内燃机的效率,后来他还获得了专利。

勒努瓦的内燃机

奥托

最终的大成

内燃机的发明经过了一个长期的过程,最终是德国工程师奥托将其归于大成。1876年,他对罗沙的内燃机原理进行思考,制成了第一台以煤气为燃料的内燃机。它是利用火花点火,单缸卧式,四冲程四马力,热效率高于当时正广泛使用的蒸汽机,因此引起了广泛注意。再加上它结构轻巧、转速快、运转平稳、热效率高,很快便投入生产,开始逐渐取代蒸汽机。

疾驰的快感——摩托车

当内燃机作为动力驱动,应用于工业生产的同时,它也使日常的交通工具有了新的发展。它高频率的运转带动车轮以前所未有的速度转动,人们可以享受疾驰带来的快感。摩托车发展至今天,除了作为交通工具所具有的基本功能外,仍旧是很多人感受风驰电掣的最佳选择。

让自行车跑得更快

德国的"汽车之父"戈特利布·戴姆勒被认为是摩托车的发明者。他将汽油发动机安装在自行车上,制作出单缸风冷式汽油机驱动的三轮摩托车,于1885年8月29日获得专利。这辆车是木质结构,后轮为皮带传动,两侧还装有辅助支撑轮,内部采用四冲程内燃机作动力,每分钟700转,速度可达到每小时12千米。

1885年,戴姆勒首次将柴油发动机安装在自行车上,使其成为一辆摩托车。

不断进步

最早的摩托车发明之后,人们开始对它不断改良。当时,摩托车从整体车身到车轮都是木制的,没有缓冲装置,因此又被人们戏称为"震骨车"。1903年,美国哈利·戴维森公司生产的美国最早的商品化摩托车问世。1912年,他们推出第二代X—8A型单缸摩托车,采用充气橡胶轮胎、弹簧车座等,使摩托车开始有了实用价值。

戴姆勒四轮车的最初模型

成熟阶段

20世纪30年代,摩托车的发展进入第三阶段,采用了后悬挂避减震系统、机械式点火系统、鼓式机械制动装置、链条传动等。20世纪70年代以后,摩托车工业又加入了电子点火技术、电启动、盘式制动器、流线型车体护板、尾气净化技术等,使摩托车真正成为先进的机动交通工具。

跨斗摩托

摩托车家族

摩托车发展到今天,可以说已经有了一个庞大的摩托车家族。摩托车主要有三大类,即两轮车、边三轮车和正三轮车。其中,两轮车中又有普通车、微型车、越野车、普通赛车、微型赛车、越野赛车;边三轮车分为普通边三轮车、专用边三轮车(警车、消防车);正三轮车有普通正三轮车(客车、货车)、专用正三轮车(容罐车、自卸车、冷藏车)。这些车型都有各自的特点,在不同的领域为我们提供服务和帮助。

两轮摩托车

飞驰竞技

现在,摩托车比赛已发展为一种极具观赏性的比赛项目。公路摩托车赛 WGP 是世界顶级赛事。比赛中的超车瞬间极为精彩,弯道上的竞技、直道上的飞驰扣人心弦。此外,还有超级摩托车赛,每年要在世界各地举办十多场比赛。障碍检验锦标赛也是摩托车比赛的一种,选手们骑着摩托车飞越巨大的岩石、后轮倒立、空中转向、前轮独立,向观众展示着高超的驾车技巧。观赏这样的比赛,不失为一种艺术享受。

摩托车比赛

走进四轮驱动——汽车的发明

现在,汽车已经慢慢融入人们的日常生活,人们不再觉得它是什么稀罕物。但它的发明却经过了一个漫长而又艰辛的过程,探索的路程充满坎坷。从轮子的产生到车的发明,从人力、畜力到机械驱动的发展,所做的一切似乎都在为汽车的产生做准备。

达·芬奇设想的能够自动行走的汽车草图及复制品

蒸汽机的应用

1769年,法国陆军技术军官居尼奥制成了世界上第一辆具有实用价值的蒸汽汽车。

1769年,法国陆军上尉古纳为了拉大炮,制造出了一辆三轮蒸汽牵引机。1801年,英国发明家特里维希克制造了一辆四轮蒸汽篷车,这是第一辆载人的动力车辆。到1830年中期,这种蒸汽驱动的车子在英国已较为普遍,成为载客的交通工具。

早期出现在英国的一种2吨重的蒸汽车,可以乘坐18人。

电力车的昙花一现

在蒸汽机车的使用过程中，人们逐渐发现了它存在的问题。比如说它难以启动和操作，而且开放式的锅炉存在很多安全隐患，使很多人不敢驾驶。于是，人们开始重新考虑汽车驱动的问题，电的使用被提上日程。电动汽车在19世纪末的美国相当流行，这种车操作简单且没有噪音，但是频繁的充电却使人很头疼。因此它的出现终如昙花一现，在汽油引擎发明后，就逐渐被人们淡忘了。

现在，出于环保方面的考虑，电动汽车又重新流行起来。

爱的支持

卡尔·奔驰在发明汽车的过程中，面临重重困难，妻子贝尔塔一直都给予他全力支持。在他的第一辆车制作出来时，没有人敢尝试这种新事物。这时，贝尔塔站出来成为世界上第一个试车者。她驾驶着丈夫多年来的心血之作试行了100多千米。虽然一路上走走停停，但这个新发明终归经受住了考验，实现了卡尔·奔驰的心愿。

1887年，卡尔·奔驰（左图）发明的世界上第一辆汽车（上图）获得了专利。

福特T型汽车

福特汽车公司从1908年开始发明福特T型车。当时，只有贵族们才可以享受乘坐汽车的感觉，福特T型车的面世让汽车走向了普通百姓。这种车的售价很便宜，只有260美元，因此深受人们欢迎。到了1921年，它的产量已经占到世界汽车总产量的56.6%。它的发展和普及速度十分迅速，在汽车界的影响也相当大。当时流传着这样一句话："努力超过一辆福特车没有用，因为前面总还会有一辆福特车。"

福特T型车一面世，就受到大众的欢迎，甚至成为当时社会的一种时尚。

方便的巴士——公共汽车

虽然汽车能够给人们的生活带来种种便利,但是由于经济能力的限制,不是每个人、每个家庭都可以拥有汽车。可人们的出行并没有因此受到限制,现代的交通四通八达,公共汽车就是一种非常便利的选择。由于价格低廉而又快捷,公共汽车深受普通大众的欢迎。

最早的公共汽车

世界上第一辆公共汽车是靠蒸汽机驱动的,当人们看着它从身边呼啸而过的时候,觉得它更像是一辆火车。它是 1825 年英国人戈尔沃斯·格尼公爵发明的,时速可达 19 千米,可供 18 人乘坐。到了 1828 年,第一个公共汽车运输公司——苏格兰蒸汽汽车公司在英国成立。

19 世纪英国的公共汽车

基本情况

公共汽车是一种短程又便宜的大众运输工具,也可称做"公交车"或"巴士"。它有固定的站牌和路线,是现在人们使用最多的交通工具之一。它的行程要照顾到大多数人,所以在到达目的地之前要绕路经过很多地方。现代的公共汽车多用数字编号,不同数字表示的公共汽车,它的行程就不一样,人们可以根据自己的需要自由选择。

世界上第一辆公共汽车是靠蒸汽机驱动的。

公共汽车

爆炸的危险

自1834年英国绍兰的蒸汽公共汽车发生爆炸，人们就对这种交通工具产生了排斥，还会有人冲这些大家伙扔石头。觉得它不仅存在安全隐患，而且噪声也非常大。另外，以马车拉客为生的老板们由于生意受到蒸汽公共汽车的威胁，频频抱怨。迫于这种压力，英国政府最终发布了限制公共汽车的命令，对蒸汽公共汽车加以限制。

19世纪初美国的蒸汽公共汽车

1955年，蒙哥马利市罗莎·帕克斯因拒绝在公共汽车上将座位让给白人而被捕，从而引发了1955—1956年长达381天的抵制公共汽车运动。这一运动标志着美国民权运动的开始。上图是罗莎·帕克斯被捕后在警察局按手印的情景

抵制公共汽车运动

1955年，美国黑人发起了抵制公共汽车运动，起因是一名黑人女工因没有给白种男人让座而被定罪，于是在黑人中就发起了罢乘公共汽车的运动。年轻的黑人牧师马丁·路德·金带领黑人同胞们将这场斗争进行到底。由于这次运动声势浩大，汽车公司损失惨重，最后终于做出妥协，使黑人与白人在乘坐公共汽车时享有平等的权利。

现代公共汽车

随着社会的进步，公共汽车的设计也逐渐向人性化方向发展。主要的变化有：双层车厢的出现，使之可以为更多的人提供服务；座椅从硬座开始向软座发展；自动报站系统的应用；出现了空调车，给乘客们提供了更好的乘车环境。现在，不少公共汽车装上了移动电视等。乘坐公共汽车看上去也是一种享受了。

双层公共汽车

租来的私家车——出租车

出租车也是一种为人们日常出行提供便利的交通工具。它摒弃了公共汽车的一些不足之处,能够更好地为乘客节省花在路上的时间。它采用的是"点对点"的运营方式,不像公共汽车那样有固定的站牌和路线,可以根据乘客的要求,直接将其送至目的地。

认识它

出租车,也有人习惯叫它"计程车"或"的士"。它的收费依靠特殊的计程表,可自动测量行驶路程的长短,并以此为标准进行计费,一般高于其他交通工具。它的载客量一般为4～5人,人们想要乘坐时只需在路边招手,另外也可以电话预约。

出租车队

计程车

早期的马车形式

在马车兴盛的时期,就有人靠租赁马车营生。早在18世纪的英国,就有人雇用单马双轮的轻便车作短途旅游。这样的行为往往只存在于富人之中,因为雇用这样一辆马车也是一笔不小的开支。当时人们称这种单马双轮轻便车为cabriolet,意思是"跳跃"。到了19世纪,人们将其简称为"cab",用来指城市中专供出租的大型马车。

早期的马车

绝对的享受

乘坐夏威夷的出租车真的可以称得上是绝对的享受。他们的出租车大都是加长的林肯、凯迪拉克、奔驰、悍马高级轿车。车体整洁,车内宽敞,设施齐全。电视、音响、冰箱、酒吧应有尽有。司机的穿着也很讲究,服务很周到,根据乘客的需要他们可以长时间等候而毫无怨言。但与其他服务行业一样,除了应付的车费外,小费也是少不了的。

出租车司机

汽车形式的出现

现代意义上的出租车都是以汽车的形式出现的。最早的出租汽车出现于1907年,其中还有一段有趣的故事。1907年的春天,美国富家子弟亚伦因为价钱问题与出租马车车夫发生争执,并因此被打伤。在养好伤后,他就请懂机械的朋友设计出了计程仪表,将其安装在汽车上,开始做出租汽车的生意,目的是报复马车夫,用汽车来挤垮马车。此举一出,出租汽车很快便风靡全球。

出租车开进中国

1907年,德国人在青岛开办了中国境内第一家出租车行。1932年,中国人在上海成立了自己的出租车公司。到了20世纪80年代,中国的出租车总共才1万多辆。1990年,第十一届亚运会的举行,带动了中国出租车业的发展。今天,出租车业已成为中国市场上一个较大的行业。

中国的出租车

大众的宠儿——轿车

轿车是汽车家族中最受人们喜爱的一种车型。在汽车发展的百余年中,轿车是外形变化最大、设计改进最多的车种之一。身形小巧是轿车永恒的主题,其时尚的外形随着时代的变迁而变化。轿车以其机动、舒适、快捷、方便等特点,成为当今最为大众化的交通工具。

豪华跑车 Spyker-C8-Spyder-T-SA

宾利 2005Arnage-Limousine-Production-RA

凯迪拉克 1959 款概念车

常见的四扇门

轿车的大小通常是按门的多少来区分的。最常见的是四门小轿车,以船型车身居多,这种车身的线条流畅性很好。另外,还有两门、三门、五门等,这些轿车的车型变化较多,内部的设施、装饰及使用的材料也都不同。五门轿车是在四门的基础上改装过来的,就是多加了一个后背舱门,它的车型也随之变化,大都为斜背式或陡尾式。

奔驰

实用的面包车

面包车从严格意义上说是一种厢式轿车。比起普通的小轿车，它的车身更大，车内空间更加宽敞。它比小型轿车更具有实用性，可以客货两用，既可以运输货物，也可以坐人。更有意思的是，它的坐椅是可以活动的，可以根据需要，根据客、货的比例随意翻转、折叠，非常方便。

大众面包车

福特大型轿车

大型轿车

随着人们生活水平的提高，小型轿车已经不能满足人们出行的要求。在长途旅行中，人们追求更宽敞的乘坐空间以及更大的货舱来存放旅行中的货物。于是，大型轿车开始受到人们的欢迎，特别是很多人一起集体出游，大型轿车能够很好地满足这些要求。现代的大型轿车还为乘客们提供空调、音乐、移动电视等服务，真正做到了人性化的设计。

轿车中的奢侈品

豪华轿车造价昂贵，是汽车家族中的奢侈品。除了华丽富贵的外表，它的实用性不是很高，但它却是贵族们身份与地位的最好象征。早期的豪华车是纯手工制作的，木制的车身仿照豪华马车的风格。现在，汽车界各个知名品牌旗下都有自己的豪华轿车，比如劳斯莱斯、奔驰、宝马等，它们每年都限量生产一定的豪华轿车，平均价位都在10万美元。另外，他们还在轿车的性能上作开发，努力提高其实用性。

奥迪 2003

保时捷轿车

最早的军用车——吉普车

翻山越岭，跋山涉水，一般的轿车和跑车面对这样的"工作"，都望而却步，它们的主人也舍不得让它们去。在战争年代，轿车和跑车这两个汽车世界的"王子"和"公主"更不会在战场上冲锋陷阵。于是在第二次世界大战中，吉普车的作用显现出来，在这一时期发挥了重要的作用。

最早用于比赛

1902年，荷兰的Spijker兄弟制造出世界上第一辆四驱车，但在当时它是被用来参加比赛的。1903年，戴姆勒之子保罗设计出世界上第一辆四驱越野车Austro-Daimler Car。

世界上第一辆四驱越野车

美国悍马军用吉普车

吉普车分类

现代的吉普车按作用不同分为军用吉普车和越野吉普车。军用吉普车用于军队日常工作，如输送官兵，运输武器和军用装备、设备。另外，在车上装上特殊的仪器，还可用来通信、侦察和指挥。越野吉普车现在广受野外探险一族的欢迎，它容量大，能够承载野外生存的装备和设施；性能好，爬山、涉水等一系列恶劣的路况条件，对它来说都是小菜一碟，轻松掠过。

美国悍马民用越野吉普车

开始批量生产

1934年，希特勒让大众汽车公司开发一种他想要的小型"大众车"，要求低价，最高时速不少于100千米，能坐4个人，百千米油耗小于7升，重量小于950千克。经过不懈努力，Kuebelwagen(VW TYPE82)诞生了，在第二次世界大战期间，它共生产了55 000辆，在非洲战场上出尽了风头。

VW82"桶车"(Kuebelwagen)是德国军队的象征

德美吉普比较

VW 82 "桶车" (Kuebelwagen)

德国和美国生产的吉普车,可以说都是吉普家族中的宝贝,极具有历史价值和收藏意义,但两者有其各自的特点。说到底,现今很多吉普车的设计灵感都来自于德国军车,所以说,德国的吉普车拥有它独特的价值。就拿 VW 82 "桶车" (Kuebelwagen) 和 GPW 比较来说,前者使用拖曳臂形式独立悬挂,而 GPW 采用的是板簧,其高速越野的能力远远不如 Kuebelwagen。另外,前者还装有防滑差速器 LSD,更加提高了越野能力。

GPW

吉普车在中国

中国的吉普车在国际上也有响当当的名字——北京 Jeep。在人民解放战争时期,吉普车就成为解放军最主要的小型乘用车。从中国开始自行研发吉普车到现在,"北京 Jeep"可以说是中国的骄傲。它结构简单,容易维修;能够比较直接地反映路面情况,通过性相当好;另外值得一提的是,它的售价很便宜,可以说是目前世界各国生产的越野车中最便宜的。

北京 Jeep

特殊的车——特种车

汽车发展到今天，除了一些大众使用的普及型汽车外，还有很多车是根据特殊需要用在特殊领域的。人们生活的方方面面，有些地方是一般车辆无法达到，也无法照顾到的。人们对普通车辆进行一定的改良，就可以将它们应用在特殊的地方了。

白色救护车

救护车，顾名思义，就是救护伤病员的车辆。人们把救护车设计成白色，与医疗系统的颜色统一，就是因为白色能给人一种纯净、安静的感觉，非常有利于病人的身体恢复。

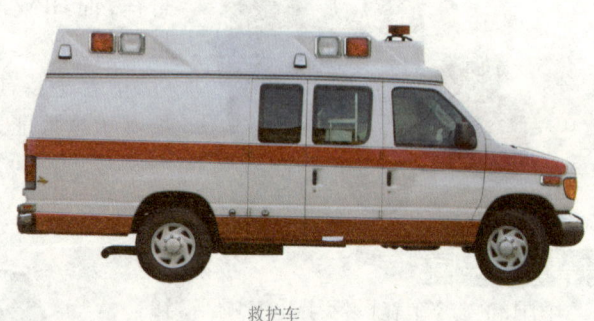
救护车

红色消防车

人们给普通的汽车装备上各种消防器材、消防器具，就成了消防车。在某些地方发生火灾或者险情的时候，消防车就是消防官兵的好帮手，是最基本的移动式消防设备。它被人们设计成醒目的红色，在执行任务的过程中能够给周围的人们和车辆鲜明的提示。根据起火原因的不同，消防车的配备也不同。有的装备有化学灭火剂，有的装备有水箱，有的装有高空云梯用来进行高空作业，有的则装有高压喷水装置来对付烧得很高的火苗。

消防车

绿色邮政车

邮政为我们提供很多服务，与之配套的是绿色的邮政车。人们利用邮政服务寄信、寄包裹、发送快件等，都离不开邮政车的协助。工作人员将信件、包裹等按所要寄到的目的地分类放好，最后由邮政车将这些东西分往各处，异地的则送往火车站或机场。邮政车让人们之间的通信畅通无阻，"绿色"表达的可能就是这个意思。

邮政车

安全的押钞车

押钞车是新近出现的一种特殊用车，它是现代银行系统为了安全所设计的。通常由押钞员配合，保护财产安全。押钞车安装有特殊的定位系统，它的玻璃和车身也有特殊的设计，一切都是为了更好地保护车厢内的财产。押钞员一个个也是训练有素，这样的绝佳组合可以使那些图谋不轨的犯罪分子没有可趁之机。

押钞车

闪着灯的警车

警察是维护社会治安的人，他们的好帮手——警车，能够帮助他们更好地完成工作。警车最突出的特点是它的车顶上有一个或一排闪烁的灯，其作用是警察在执行紧急任务时，给周围的行人和车辆提示，让他们给警车让道。另外，有些车身较大的警车，在后排车厢还安装有栅栏，可以将抓获的犯罪嫌疑人关在里面，防止其逃跑。

警车

路上彩虹——立交桥

人们拥有的汽车越来越多了，数以万计的汽车穿行在公路上，你来我往，交通就不可避免地拥挤起来。于是，人们开始拓宽道路，再后来就干脆在半空中建起"路"来。一座座平地而起的立交桥，就好像一道道彩虹装饰着美丽的城市，更重要的是有效疏导了拥堵的交通。

基本结构

立交桥的结构很复杂，而且各不相同。它是根据具体的道路状况而专门设计的，这里说它的结构主要是说它们的共同特点，立交桥都是一种多层立体布局。陆地表面的空间有限，就将路面抬升到空中，树立明显的标示牌，对去往不同方向的车辆进行分流和引导，各行其道，互不影响。

现代城市常见的立交桥

简单的立交桥

单纯式立交桥和简易式立交桥，是常见的两种结构相对简单的立交桥。单纯式立交桥是结构最简单的一种，它是架起一条道路与一般道路立体交叉，司机只需在自己的车道上行驶就行了。简易式立交桥的结构就相对复杂一点，主要有十字形立体交叉、Y形立体交叉和T形立体交叉。车辆在通过时，司机就要好好想想行车路线了。

立交桥夜景

地下开发

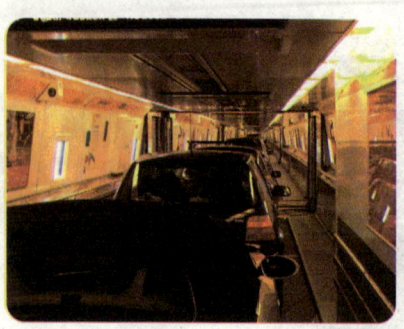
地下桥

地道桥也是立交桥的一种，它除了对路面上的空间进行开发外，同时也对地下空间进行利用。地道桥由桥洞、引道和附属结构组成，因为道路设在地下，所以在设计中，空气净化、通风、照明、排水和防冰(严寒地带)等都是需要好好考虑的问题。

古代立交桥

中国古代就有立交桥。在浙江绍兴城直街东端，有座梁式石条桥，被当地人称做"八字桥"。它的主桥为矩形，两侧桥体直接搭在成排的立柱上。整座桥跨河而建，东西走向。主桥为下直式的梁桥，东西通道为桥的主体，称做"第一桥"。"第二桥"是座小型平桥，架设在南部西岸南坡道东西流水的水巷上；"第三桥"也是座小型平桥，架设在南部东岸引桥处的小巷上。这座桥人车均可通行，跨过三条河，三座平桥各自通达。

更多的交叉

交互式立交桥的结构就复杂多了，有三枝交叉、四枝交叉和多枝交叉。按形状不同，又可分为喇叭型、定向型、菱型、不完全的苜蓿叶型、完全的苜蓿叶型等。复杂的立体交叉，会使人们觉得眼花缭乱。现在，随着城市建设的不断发展，人们对立交桥已经不单单满足于疏导交通的作用，而在设计中加入了美的思考，使每一座立交桥都成为这个城市的一道风景。

北京立交桥

复杂的立交桥

闪耀的品牌——汽车的标志

汽车工业发展到现在，一些国家和地区都有了自己独立的汽车品牌。这些品牌在国际上也都享有一定的声誉，成为人们追求的对象。独立的品牌应该具有自己典型的特点和风格，独特的设计理念，这样才能有别于他人，在日渐繁盛的汽车家族中表现出自己闪耀的一面。

奔驰

奔驰的车标经历了一个很长的发展阶段。最初的标志是一个三叉星的形状，象征着水、陆、空的机械化。1916年，设计者在三叉星的周围加上了一个圆圈，圆的上面还镶嵌了4颗小星，标志的最下面是"MERCEDES"字样，象征着幸福之意。现在的奔驰车标志是一个简单的环形包围三叉星的形状，很像一个方向盘。

奔驰

宝马

宝马

宝马的标志看上去非常简单，就是两个圆圈，中间的圆是黑白相间的图案。蓝白两色分别代表蓝天白云，两色所构成的螺旋桨图案，是公司所在地巴伐利亚的州徽，象征着在广阔的时空中，宝马公司以精湛的技术、最新的观念，满足顾客的最大需求。"BMW"字样是宝马公司全称的缩写。

劳斯莱斯

劳斯莱斯也是汽车世界中的国际品牌，它有两个标志。一个是"飞翔女郎"，这是个立体车标，灵感来自于巴黎罗浮宫艺术走廊的一尊"胜利女神"的雕像。她弯腰站在劳斯莱斯车头，身着轻纱，双臂向后伸展，轻纱迎风飞扬，光彩夺目。

另一个是两个"R"重叠的图案，比喻你中有我，我中有你，象征着公司两名创始人劳斯（Rolls）和莱斯（Royce）融洽的合作关系。

劳斯莱斯

凯迪拉克

凯迪拉克

著名的花冠盾形徽章就是凯迪拉克的车标,象征着凯迪拉克的贵族之气,豪华、气派。这一标志经过了30余次修改,盾形象征着凯迪拉克具有巨大的竞争力。整个标志金黄与纯黑相应,象征着财富与智慧;银色象征纯洁、仁慈;蓝色象征侠义;红色则代表行动果敢。整个标志寓意深刻。

福 特

福特汽车的车标采用创始人福特的姓——英文字母Ford命名。图案为蓝底白字,形象化地构成一只充满活力的兔子。这只被艺术化了的小白兔,活泼可爱,美观大方,它向前飞奔,象征着福特汽车奔驰在世界各地,令人爱不释手。不仅如此,该商标的独具匠心之处还体现在投其所好上。设计者知道福特生前曾办过农场,特别喜欢动物,对兔子更是情有独钟,所以在1911年的车标设计中,特意采用兔子的形象迎合福特的嗜好。

福特

马自达

马自达

马自达是古希腊神话中一个神灵的名字,象征着光明。这一标志是马自达公司在与福特公司合作后才采用的,象征着马自达要不断开发新的技术,以创意和服务取胜,展翅高飞。

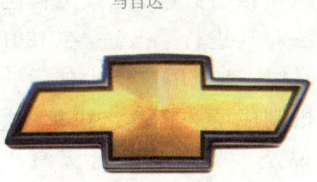

雪佛兰

别克

大众

奥迪

道奇

雷诺

蒸汽开动火车——蒸汽机车

蒸汽机的发明使人类进入了工业革命时代。蒸汽机开始不断应用在生产、生活的各个领域。工厂里机器的运作、汽车前行都离不开蒸汽驱动,当然也有人将它应用在火车的开发上。蒸汽机车是现代火车的雏形,人类没有迈出这一步,就不会有现代奔走在城乡之间的轰轰列车了。

第一辆蒸汽动力车

1769 年,法国军官古纳制成了世界上第一辆蒸汽动力车。车身是木制框架,前面的大锅炉产生的蒸汽进入后面的气缸,推动里面的活塞上下运动,从而带动车架下的前轮转动。他的这一发明,将动力直接传递给了轮子,轮子不再是一个被动性的装置了。

1831 年 8 月 9 日,德威特·克林顿普尔德驾驶着火车,行驶在纽约奥尔巴尼的客运铁路线。

理查德·德里维斯克的蒸汽机车

19 岁的发明家

英国 19 岁的理查德·德里维斯克一直对瓦特发明的固定动力蒸汽机很有兴趣,并按照自己的想法对其进行了改进。在 1801 年的时候,他利用自己改装后的蒸汽机制成了一辆蒸汽机车,这可以说是世界上第一台蒸汽机车。有次他的一个朋友对这辆车的装载能力提出了质疑,德里维斯克为了赌一口气,造出了一台可在铁轨上行驶的货运蒸汽机车,为自己和自己的发明赢回了面子。

"看谁能赶上我"

由于德里维斯克的蒸汽机车整体重量太大,生铁铁轨不堪重负发生了断裂事故,所以矿山主人没有采用他的发明来运送矿石。1808年,他又举行了一场名为"看谁能赶上我"的表演。他用自己的蒸汽机车拉动一辆载人车厢,在一个圆形轨道上行驶,好奇的年轻人纷纷上去乘坐。

铁轨上的齿牙

虽然说蒸汽机车已经爬上了铁轨,并且开始行驶起来,但它不能像今天的火车一样平稳地运行。1812年,工程师约翰·布伦金索普发明的带齿轮的蒸汽机车试车成功,与之配套的铁轨上也安装上了齿牙。可在当时的生产力情况下,铁轨还要考虑到马的行走,这样的齿牙无疑会使行走的马受伤,所以布伦金索普的车轮和铁轨没有得到普及。

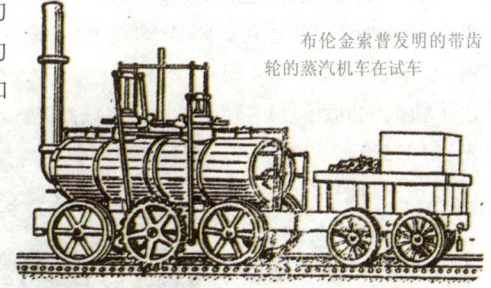

布伦金索普发明的带齿轮的蒸汽机车在试车

乔治·斯蒂芬森(右图)和他自己设计制造的"旅行"号机车(上图)。

大成者斯蒂芬森

说到蒸汽机车的发明者,人们都会想到斯蒂芬森。他对前人的成果进行了研究和借鉴,于1810年开始自己动手制造蒸汽机车。经过四年的努力,他制作的"布鲁克"号在1814年7月25日完成。试验证明,这辆蒸汽机车可以拉动8节车厢,载重30吨,时速可达6.4千米。

早期行驶在利物浦至曼彻斯特铁路上的火车

火车驶入历史

在蒸汽机车发明之后,人们就开始利用它拉动长长的车厢运送货物、运载旅客。看到它头顶上冒出的团团蒸汽,还不时冒几个火星出来,人们就给它起名为"火车",这个名字一直沿用至今。火车在"轰轰隆隆"的行进声中,驶入了人类历史。

铁路的成熟

在发明了火车之后,斯蒂芬森又开始致力于对铁路的研究。因为要使机车能够良好的运转,坚固的铁轨是绝对必要的保证。从铸铁轨道到锻铁轨道的使用,后来又规定了轨道的间距为1.435米。1825年,他在英国达灵顿到斯托克顿之间建成了一条成熟的铁路,具备了现代铁路的基本要素。

铁路上的蒸汽机车

火车的坎坷历程

火车走进人类历史并不是一帆风顺的,也曾经一度遭到人们的敌视和反对。有人故意破坏铁路桥梁和新建轨道,甚至还有人直接用炮火攻击斯蒂芬森的测量队。为了使更多的人了解并接受火车这一新事物,斯蒂芬森用火车与当时其他交通工具进行了一次比赛。在比赛中,他的火车以绝对优势取胜,使人们不再对这个"钢铁怪物"产生疑虑。

英国因火车而改变

随着火车为大多数人所接受，它在英国迅速发展起来。到了1832年，英国已有了24条商用铁路。当时使用的火车头大都为斯蒂芬森工程公司所制造，其结构为未来火车头发展的标准形式，高压锅炉内部有一对卧式汽缸和精细的汽管结构网。1836年，英国的铁路总长已超过724千米，成为英国工业革命中的"经济动脉"，沟通着英国主要的工业基地。

早期英国的火车

美国的火车

美国也发展火车

美国人在19世纪初对火车也萌生了浓厚的兴趣。美国的机车厂生产的"戴维·克林顿"号已具有7.35千瓦的功率。仅仅在1832年一年内，美国就飞速建造了17条铁道。虽然当时的火车头还会时不时冒出火星烧坏乘客的衣服，但美国人还是对火车充满了好奇心和信心。

1964年，乔治·M.普尔曼设计出了一种新型的卧铺车。

坎坷的中国行

早在1865年，就有一个叫杜兰德的外国人异想天开地在北京建造了一条1 000米长的铁路。但清朝的官员们认为火车是个令人害怕的怪物，下令将这条铁路限期拆除了。直到1878年，为了河北开滦煤矿运输煤炭，清朝政府才同意在唐山到胥各庄修一条长10千米的铁路。后来，这条铁路的两端向北京和沈阳延伸，发展为日后的京沈铁路。

中国"火箭"号

跑得更好——火车的完善

蒸汽机车作为火车头，带着整列火车走进人们的生活。火车的发展完善也是经过了一个很长的时期。它身上的每一个小部件、小细节都凝结着人们思考和探索的心血。经过不断的改良和更新，火车与人们的生活越来越贴近，越来越好地满足着人们的需要。

用空气停住火车

空气看上去轻飘得没有什么力量，但将它压缩聚集起来，却可以使庞大的火车停住。乔治·威斯汀豪斯发现了这一现象，并制成了空气制动机。他是利用高压空气压紧每一个制动的闸瓦，使火车停下来的。在试验中，机车在距离马车1.2米的时候居然停了下来，很快便得到了广泛地肯定。

乔治·威斯汀豪斯

要有跑有停

起初火车的运行速度要大于汽车，并且重量大，惯性大，所以在刹车上，火车面临着比汽车更严峻的问题。人们最早采取的办法是将机器关掉，让车身自然滑行，然后用汽笛发出"嘟嘟"的提示，车上的男性乘客就从车上跳下来，大家一起用人力将火车拉停。

车厢的连接

车头拉着长长的一节节车厢前进，车厢间的连接很重要。伊莱·约翰逊从自己的手指得到启发，发明了自动挂钩装置。他将两个指节弯曲扣住，再将拇指闭合在外面，这样就可以防止滑脱。他仿照这个样子发明了连接火车车厢的自动挂钩，并获得了专利。但由于当时铁路负责人更加着眼于经济收益，他的发明曾一度被搁置。

自动挂钩装置

有力的支持

这个有力的支持来自于美国的洛伦佐·科芬。他是当时的铁路处长，对空气制动机和自动挂钩给予了肯定，并说服车辆制造协会做一次试验。在 1887 年试验成功。从此，这两种装置便受到了重视。1893 年，美国出台了所有列车必须安装自动挂钩和空气制动机的规定，两位发明家也因此挣到了一笔钱。

固定的宽度

铁轨的宽度是一个固定的数值，现在世界上普遍规定是 1.435 米，沿用了当年斯蒂芬森的规定。这个宽度来自于古罗马军队的战车，英国人就沿用了这个宽度。随着铁路的发展，一些国家和地区为了战争的需要，也采取了特殊宽度的轨道。

在地下奔跑——地铁

今天的火车有一部分已由地上驶入地下,在人们开凿的地下隧道里奔跑,这就是地铁。虽然从形式上看,它与地面上行驶的火车没有什么差别,但是它们两者之间却有着很大的差别。地铁主要是作为一个城市里的交通工具,与公共汽车、出租车等共同分担着城市里的交通运输工作。

最早的地铁

19世纪的伦敦,是一个发展相当快的城市。经过了20年的努力,由查尔斯·皮尔逊创建的"大都会地区地铁"于1863年1月正式开始营业。这条地铁当时只有不到6 000米长,却在第一年内就运送了950万人次的乘客。

1863年的第一条地铁

地铁内部

电力取代蒸汽

伦敦的"大都会地区地铁"最早投入使用时,利用的是蒸汽机车,但早期的地下隧道通风不好,所以乘坐地铁虽然方便,但是旅客常常感到憋闷,甚至还有人晕倒。电力机车一经出现,就立刻取代了蒸汽机车。1890年伦敦第一条电气化地铁开始营运,乘客们只需花2便士,就可乘坐地铁去城市的任何地方。

伦敦地铁

地下网路

要沟通城市的每个角落,地铁在地下也必须有复杂的路网。主要有单线式、单环线式、多线式和蛛网式。车站的功能也不一样,有只供乘客乘降用的"中间站";在中间站设有折返线路设备的是"折返站";乘客既可以乘降又可以换乘的是"换乘站";地铁线路的两端为"终点站",除了具备上述功能,这里也是列车存放和整修的地方。

地铁中间站

上海地铁

地铁在中国

自1965年开始,中国就有了自己的地铁。北京是中国国内最早拥有地铁的城市。1969年10月,北京地铁第一期工程投入试运营。紧接着是天津的地铁,于1984年12月开通。现在,中国已有7座城市拥有自己的地铁线路,分别是北京、上海、广州、南京、深圳、香港和台北。武汉、西安、天津等一些城市也正在筹建自己的地铁。

地铁的动力

地铁的运行是靠电力驱动的,这个动力主要来自于城市电网。除了列车的运行外,地铁中的照明、通风、排水等也都需要电力的支持。地铁的供电系统通过特殊的线路与城市电网相连接,可以给地铁各个设备供电。

地铁

飘浮的动力——磁悬浮列车

若干年前,除了在童话故事里,人们想都没有想过能坐上飘浮着的列车在城市里穿行,直至磁悬浮列车出现。这种列车是利用磁铁"同性相斥,异性相吸"的原理,使列车飘浮在轨道上行驶。这种神奇的、飘浮的力量,使人类的交通工具进入了更加高速行驶的阶段。

想要跑得更快

原先人们要提高车辆的速度,就是靠车轮更加快速地转动,与地面或轨道产生更大的摩擦力来推动车辆更快速地前进。但是当摩擦力达到一定的极限,就会对车轮和轨道造成破坏。所以说,车辆的速度不可能无限增加。能不能减小这种摩擦,而进一步提高车辆的速度呢?人们在不断的探索和试验中,想到了利用很早之前就发现了的磁铁,利用它"同性相斥,异性相吸"的原理,开发出了新一代高速交通工具——磁悬浮列车。

英国首创

英国是最早开始把磁悬浮列车投入商业运营的国家。与其他有轨交通工具一样,它也拥有两条平行的轨道,两个车厢,可容纳40名乘客同时乘坐。虽然当时的行驶距离只有800米,最高时速仅为37.5千米,但它采用的是计算机全程控制,实现了真正的无人驾驶,同时也在一定程度上证明了磁悬浮列车的可行性。

磁悬浮列车比普通列车更加豪华舒适。

德国的磁悬浮

德国人从 1968 年就开始了对磁悬浮的研究。德国的磁悬浮采用的是在轨道和车体之间用普通直流电磁铁产生磁力,再利用车体自身的重量使两者脱离。在这样没有接触的环境中,列车处于一种"悬浮"着的状态。车体与轨道间几乎是零摩擦,列车就可以高速行驶了。

德国的磁悬浮

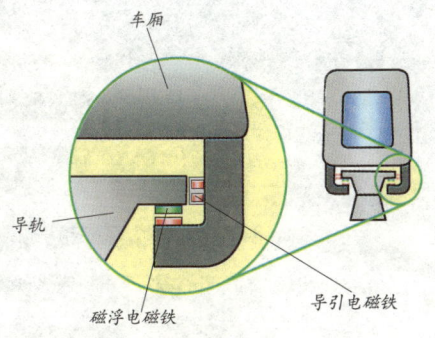

磁悬浮列车剖面图

不足之处

作为新事物,人们在研究中没有成功的经验可以借鉴,所以对磁悬浮列车的研究和试验投资是存在风险的。另外,它只能用于点对点的运行,无法与普通铁路建立互通网络。即使这样,人们还是没有停止对磁悬浮技术的研究。相信在以后,磁悬浮列车会不断进步,能够更好地为人们的出行服务。

日本的磁悬浮

虽然都是磁悬浮,但是日本与德国的却不一样。日本从 1962 年就开始研究磁悬浮铁路了。他们的磁悬浮称为"超导磁斥型",是在车底安装超导磁体产生强磁场,与地面上的线圈作用后产生斥力,使车身悬起。这种方法比德国的"常导磁吸型"产生的悬浮气隙大,列车时速可达 500 千米以上。

日本新干线

水世界的使者
水上交通

地球表面 76%是由水覆盖的，河流、湖泊、海洋等与陆地一同构成人类生活的世界。水上交通工具充当着沟通各个陆地的"使者"，将一方的人或物，以及文化、信仰等传递到另一方，将彼此并不相通的陆地无形地连接起来。

飘浮的障碍——早期水上交通

在探索和认识世界的过程中，人类的脚步真的是越迈越大。到了一定时期，人类已不再仅仅满足于陆地上的活动。看到一湾清水或一片汪洋将自己生活的地方与其他地方隔离，人们想打破这重水的障碍，到水的那一端看一看；有些地方还需要人到水中央去寻找食物。于是，人类利用身边的材料开始了对水上交通工具的开发。

原始材料的使用

早期人类发现芦苇、树皮、原木等可以浮在水面上，于是就利用这些天然的材料制作出了最早的水上交通工具。有人把芦苇扎在一起，抱着过河；也有人用原始的石斧、石刀等将树木砍倒，直接扶着涉水过河。

葫芦的妙用

葫芦在人们的日常生活中用途非常广泛，可以做容器、做装饰、做乐器、收藏，还可以食用。在早期，人们将葫芦串在一起，拴在腰间，叫作"腰舟"。过河的时候，人借助葫芦的浮力漂在水面上，是一种非常有趣的渡水工具。

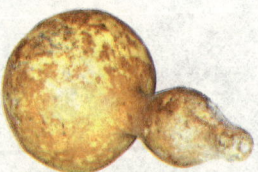

浙江余姚市河姆渡遗址出土的匏(葫芦)，是原始的渡水工具。

船的雏形

很早的时候，中国就有"伏羲氏刳木为舟，剡木为楫"的记载。这种方法就是将整棵树木砍倒后，利用火烧或者石斧砍凿，直接将其掏空形成水上交通工具。它已初步具备了船的基本特征，拥有船底、船舷和船舱，可以方便地运载人和物。可以说，独木舟是现代船只最早的雏形。

对于世代生活在非洲赞比西河两岸的居民来说，独木舟一直是他们生活中最便捷的交通工具。

气体的浮力

人们经过不断探索,发现给皮囊里充满气体,皮囊也可以漂在水面上。于是,在刚开始就有人骑着这样的皮囊渡河。后来,有人在皮囊上绑上了木板或竹板,这样人们就不用再将半条腿浸在水里了。

独木舟的发展

人们在独木舟的基础上,给上面加上了木板,就形成了早期的"木板船"。它的结构很简单,仅仅加装了一块木板用来增加装载量,但它的出现使船舶的发展向前迈了一大步,使其形态和功能更加接近于现代的船舶。

19世纪中期,印第安人建造独木舟的情景。

木板搭成的船

船的雏形——筏

人们发现竹子、原木,还有充气后的皮囊等在水里的时候,不会下沉,有浮力使它们能够浮在水面上。于是,早期的人们就利用这种力量发明了筏。筏的种类有很多,利用不同的材料可以制作不同的筏。筏子制作简单、使用方便,有些国家和地区一直沿用至今。

木头筏子

木筏是将整根木头切割成适当的大小,然后再并排捆扎起来制成。因为木头与竹子的质地不同,它本身具有一定的吸水性,所以对于制作木筏的木头还要经过一些防腐处理,否则长期浸泡在水里,会影响筏子本身的使用寿命。

安全的竹筏

将竹子并排用藤条扎在一起,就制作成了我们今天也可以见到的竹筏。它最早出现于2 000多年前的中国,是江南地区的水上交通工具。竹筏行驶起来非常安全,因为它吃水量少,浮力强。根据承载量的不同,竹筏所用的竹子也有多有少,5~8根的称为小筏,11~16根的就称为大筏。

在广西桂林的漓江上,竹筏是最环保、最受游人欢迎的水上交通工具。

竹筏

原始的皮筏

人们将整头牛或羊的四肢和头割去，完整地把皮剥下，放进清油及盐水中浸泡，晾干后将伤口缝合充气，并排绑在框架上，就制成了皮筏。按材料不同可分为牛皮筏和羊皮筏。这种工具主要流行于中国的青海、甘肃、宁夏境内的黄河沿岸。唯一不足的是它只能顺水而行，不能逆水而上。

漂流运动

筏子在水中的重要运动方式是漂流。现代人们已将这种漂流发展成为挑战极限的一种体育运动。在从事这项运动时，漂流爱好者大都挑选水流时而湍急时而平缓、地形相对复杂的水路。筏子在这样的河道中颠簸着顺水而下，在与岩石和浪花的较量中，人们体会到了与自然抗争的快感。

划水运动

安全漂流

漂流是一种挑战体能与胆量的运动，但是在享受刺激的过程中，安全问题也是必须要考虑的。穿着救生衣是绝对必要的，以便防止在湍急的水流中不慎翻船。另外，应尽量减少携带不防水的东西。在渡过地形复杂的河段时，应抓紧扶手带。注意沿途的提示标志，可对前方的水路情况做一简单了解。

新的动力——桨和桨船、帆船

桨是人们划船时最常用到的工具之一，它的出现使船的运动有了新的动力，人们也可以逆水而上，船只在水中的活动更加自由。而帆的出现使一直用力划船的人们轻松不少。在广阔的河面和海洋上，没有任何障碍物的遮挡，风能是取之不尽、用之不竭的能源。

桨的形态

人们现在使用的船桨大都是这样一种形态：为了方便人们手握，所以上端被设计成圆杆；下端的板状设计略宽，很易于划水。最早人们发明船桨的灵感来自于鱼鳍，是一项仿生学的发明。

古埃及壁画中的桨

与船结合

最早人们要想改变船的运动方向，就只能用手划水，桨的发明一下子解脱了人类的双手。这种划桨船最早出现于地中海海域。同时，不同地区的人们开始利用当地特殊的材料来制作桨船，于是出现了埃及人和美索不达米亚人的芦苇船、爱尔兰人的柳条舟等，这些船都是依靠船桨划水来提供动力的。

划桨船

帆的出现

帆似乎是在人类的长期实践中,不知不觉地走入人类的生产、生活中的。也有观点认为,发明帆的人是受了一种叫鲎的动物的启发。风帆要借助于桅杆在船上升起,将风力收集,带动船体顺风而行。风力越大,帆的面积越大,船的航行速度就越快。

帆船的发展

帆船的发展经历了三个阶段。从公元前4 000~公元1440年是第一阶段,这一时期以地中海的"南方"商用帆船与波罗的海的"北方"单桅酒船为代表。第二阶段,1440~1840年,这一时期各类帆船开始逐渐完善起来。再向后发展,从公元1840年到19世纪90年代,以长船的出现为标志,帆船进入了快速航行的阶段。

帆船运动

如今的帆船已不仅仅局限于交通运输了,帆船运动已成为一项全球性的体育项目。比赛用的不是大型帆船,而是一种结构非常简单的单桅船,由船体、桅杆、舵、稳向板、索具等部件构成。这个项目最早源于16~17世纪的荷兰,现已发展成为世界性的体育赛事。

三桅帆船

运输液体的轮船——油轮

轮船的发明大大改善了人们的生活。它庞大的身体可以帮助人们一次性运载很多货物，就连没有固定形态的液体也同样不在话下。轮船在不断的实践中，发展出了很多具有不同功能的船。油轮就是专门用来运输液体的，虽然它的名字是"油轮"，但运载对象却不仅仅是油，也可以用来运输其他液体。

世界上最大的油轮——"诺克·耐维斯"号

油轮之最

世界上最大的油轮是新加坡的"诺克·耐维斯"号。它的船身有400多米长，于1976年12月开始投入建造，最初的名字是"巨人"号。它能够容纳将近410万桶的原油，安装有先进的自动化设备，只需三四十人就可以顺利航行了。

准备起航的油轮

基本结构

油轮在运输之前，用油管将石油或需要运输的其他液体灌入舱内。纵向式的油舱，设有纵向舱壁隔离，所以在没有完全装满的时候，船身也能够保持平稳。而它的机舱一般都设在船尾。从安全角度出发，油轮的发动装置也设在船尾。原因是如果像其他船一样，把发动装置穿过油舱安装，就很容易因为可燃气体的不慎外泄而引发爆炸事故。

油轮

油轮的大小

油轮的工作范围不同,总载重量就不同,主要分为近海油船、近洋油船、远洋油轮和超级油轮,它们的载重量分别为3万吨、6万吨、20万吨、30万吨。日本在1980年改装的"海上巨人"号,载重量达到56万吨,真无愧于"海上巨人"的名称。

油轮泄漏

船只在航行中不可能永远都一帆风顺,油轮也是。从开始航行到现在,由于各种原因引发的原油泄漏事故比比皆是。这不仅造成了原油的流失,而且对周围环境也造成相当恶劣的影响。海面上被厚厚的原油覆盖;海洋动物和海鸟全身粘满油污,呼吸困难;海滩上也是一片黑糊糊的景象。

油轮起火

特殊的"油轮"

除了运输原油,油轮还可以用来运输其他液体。像葡萄酒等一类可食用的液体,在运输过程中就需要保证它不变质。一些需要保持特殊温度的液体,舱内就需要安排特殊的保温装置。所以说,根据不同液体的性质,对船的要求也不同。

早期的液体货物,如葡萄酒等都靠这种桶盛装运输。

舒适的旅程——客轮

海上旅程是每个人心目中的浪漫之旅。夕阳西下,染红波光粼粼的海面,海鸥在船头飞翔。在从一个地方到另一个地方的海上旅程中,客轮不仅带我们走进这样的美丽风景,还为我们提供了舒适的居住环境。客轮是专门用来运送乘客的轮船,为了使乘客在漫长的旅程中不感到劳累,它不断完善着自身的功能。

与邮轮的关系

有些地方将客轮也称为"邮轮"。因为早期,在航空发展起来之前,人们一直用轮船传递邮件。现代的邮轮不同于以前,它已经不具备邮递的作用,而是安装了很多的娱乐设施,成为现代人们旅游度假的好去处。而客轮相对来说,还是以运载乘客为主。

邮轮

"海上建筑"

为了方便更多的乘客乘坐,客轮上一般都建有高大的建筑。从上到下,针对具有不同消费能力的客人,它的舱位还分为不同的等级。各个级别的客舱,内部设计和设置是不一样的。有些客轮上还有游泳池、电影院、舞厅等,给乘客们一种宾至如归的感觉。

船内娱乐场

豪华客轮

神气的"法兰西"号

"法兰西"号是航行在20世纪60年代大西洋上的豪华客轮。最具特色之处是它的防火措施。船上没有木制品,连装饰用品都是用耐热防火材料制成的。此外,它的双层船壳的设计,在船身不幸穿洞的情况下,可以迅速关闭59扇钢门,防止水灌进船身。它拥有巴黎最好的百货公司分行、一间海上最大的电影院,甚至还有医院和太平间,150多位厨师每天要用掉75吨生食,为船上的乘客们提供9 000份食物。

"法兰西"号客轮

不幸的"泰坦尼克"号

"泰坦尼克"号

"泰坦尼克"是英文"Titanic"的音译,意为"庞大的、巨大的"。"泰坦尼克"号以此为名,号称"永不沉没",在当时是最大、最豪华,也是最昂贵的客轮。1912年4月它的处女航由英国南安普顿驶往纽约港,在途中不幸撞到冰山,整艘船都沉没了。

豪华的"玛丽女王"2号

"玛丽女王"2号真的可以说是客轮中的"女王",它占有了客轮家族中的几个"最"。首先,它身长345米,是世界上最长的客轮;其次,它的吨位达到15万吨,可同时容纳2 800人,这些都是有史以来可以称"最"的;第三,它也是最高、最豪华的客轮。船上设有酒吧、戏院、图书馆等,应有尽有,就像是一座移动的城市。

"玛丽女王"2号

运货的轮船——货轮

货轮就是专门用来运送货物的轮船。凭借着水对船的巨大浮力，货轮将整船的货物由一地运往另一地，沟通着世界各国的贸易交流。货轮根据载重量的多少和货物性质的不同，分为很多类，它们发挥着各自的作用。在现代的海洋上，货轮是数量最多的一种轮船；在运输货物方面，水上运输也是非常重要的一部分。

散装货船

谷物、沙石、煤炭等一些不具有固定形态的散状货物，需要特殊的散装货船来运载。为了方便装卸，这类货船的货舱口一般都比较大。另外，有些货物很重，比如沙土、钢材等，所以货船的结构需要非常坚固。

货船

普通货船

普通货船又称干货船。这种货船上的建筑矮小，生活设施比较简单，甲板层数也不多，但是它拥有宽敞的货舱。在出发前，人们先将货物打包装箱，然后用船上的吊杆，或者其他起重设备将货物吊到船上，最后将货物在货舱内安放整齐。

船上的吊杆

冷藏货船

有些货物很容易在短期内腐坏，为了保鲜，就出现了冷藏货船。它在外形上与普通货船没有什么区别，但是在内部，整个船舱都利用特殊的制冷装置降温，船体甲板和货舱壁也都装有特殊的隔热材料。整条船在航行途中就好像一个大冰箱，装载着鱼、肉、蔬菜等新鲜食物。

货船

滚装船

滚装船

第一艘滚装船由美国人在1958年制造。滚装船是利用牵引车或叉车直接将货物运送到货舱内，又称"滚上滚下船"。它装卸效率高，水陆连通，很方便。船内设有很多层甲板，用来安放货物；还有特别设计的跳板、可活动的斜坡道和升降平台，供运输货物的车辆行走。但是由于它的重心高，所以稳定性不好。

集装箱船

采用集装箱运输是现代使用较多的一种海上运输方法。集装箱具有统一的规格大小，将零散的货物装进集装箱，便于安放整齐。集装箱船分为部分集装箱船、全集装箱船和可变换集装箱船。部分集装箱船是指将货舱的一部分用于存放集装箱；全集装箱船就是专门运载集装箱的轮船；可变换集装箱船装载集装箱的结构是可以拆分的，可以根据实际需要安装或者拆下。

满载着集装箱的轮船

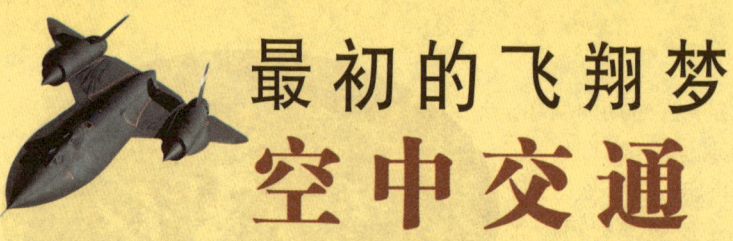

最初的飞翔梦
空中交通

在人类生活的世界里，抬头仰望就可以看到无尽的蓝蓝天空。人类一度认为自己在狂想，想着自己有一天可以像鸟一样在空中飞翔。空中交通工具将人类带到了天上，人类能够从一个全新的角度看自己生活的陆地。

拥抱蓝天——飞机的发明和发展

当看到鸟和昆虫挥动着翅膀，在空中飞翔的时候，人类也想尝试一下。于是，人类怀揣着最初的梦想开始了对飞翔的探索。凭借着坚持到底的信念和不断探索的精神，终于有一天，人类飞上了蓝天。飞机出现了，它带着人们飞翔在更高的高空，人们似乎伸开双臂就可以拥抱蓝天。

插翅而飞

一直以来，人类从鸟挥动翅膀得到启发，利用羽毛或其他人造物做成类似翅膀的工具，靠挥动双臂或者其他机械的方式想要飞翔，其中最著名的有达·芬奇设计并制造的"扑翼机"。达·芬奇是15世纪欧洲文艺复兴时期伟大的文艺、科学巨擘。他不仅在绘画上有很高的造诣，在科学研究上也有着突出贡献。他设计的扑翼机有宽大的翅膀，还有一个三角形的尾羽，完全模仿鸟的样子设计，人仰卧在机翼中部，拉动特制的手柄控制翅膀挥动，但他的这一设计并没有成功。

最初的试验

英国的乔治·凯利爵士发明了第一架滑翔机，但不能称为真正意义上的飞机。在他之后，1874年和1884年法国的迪唐普尔和俄国的莫查依斯基，相继推出了自己发明的飞机。虽然他们采用蒸汽机驱动，可飞机却只能做短距离的跳跃飞行，仍旧不能算是真正的飞机。

人类第一次乘坐氢气球的飞行

真正的飞机

莱特兄弟将真正意义上的飞机带给了人类。1903年他们制造出的"飞行者"1号是第一架依靠自身动力，并且能够载人飞行的飞机。这架飞机经过了4次试飞，不断改进，在最后一次试飞的时候在空中停留了59秒，飞行距离达到260米。

莱特兄弟发明的飞机

冯如发明飞机

冯如是中国最早的飞机设计师和飞行员。他于 1908 年制造出自己的第一架飞机。1909 年 9 月 21 日,他在美国奥克兰市附近的派得蒙特山丘上试飞成功。后来他又对自己的飞机进行了新的调整和改良。他后期研制的飞机时速可达 105 千米,能够在高度为 210 米的高空飞行 32 千米。

1912 年,中国第一位飞行家、飞机设计师冯如在广州燕塘试飞前与徒弟合影。

莱特兄弟与他们发明的世界上第一架有动力的飞机模型

英国的阿尔科克上尉和布朗中尉首次飞越大西洋

首次飞越大西洋

1919 年 6 月 14 日,人类驾驶着飞机首次飞越了大西洋。完成这一重要使命的是英国的阿尔科克上尉和布朗中尉。他们驾驶着"维米"式飞机,从加拿大纽芬兰的圣约翰斯起飞,次日凌晨降落在英国境内。当天天气非常恶劣,但飞行最终还是在艰难中顺利完成了。

垂直起降——直升机

在遇到一些紧急情况时,人们需要飞机的特殊援助。但是,在一些特殊的地方,没有能够供飞机起飞和降落的长距离跑道。于是,人们开始思考有没有一种可以垂直起降的飞机,能够在较小的空间内直升直降。直到直升机出现,人们才实现了能够在没有跑道的情况下自由起落飞机的梦想。

直升机诞生

法国人保罗·科尔尼在1907年发明了"人类第一架直升机",在当年的11月13日试飞成功。它完成了垂直升空,依靠自身动力离开地面300厘米,连续飞行了20秒。这是一架全尺寸载人直升机,由一根V形钢管做主架,两端各装一副旋翼,直径6米,每副旋翼上有两片桨叶。

竹蜻蜓

直升机救援

竹蜻蜓的启发

中国的孩子小时候都玩过竹蜻蜓这种玩具。用双手把细细的杆子一搓,杆子上面的3个螺旋桨一样的叶片,就带动着细杆旋转着飞起来。中国早在2 000多年前就有了竹蜻蜓,可以说它就是直升机的雏形,在直升机的发明和研究中,它给了人们很大的启发。

开着舱门的军用直升机

真正的直升机

公认的直升机的发明者是美国的伊戈尔·伊万诺维奇·西科斯基。他在 1939 年制作出了第一架真正意义上的直升机——VS-300 直升机——它是一个被全世界铭记的名字。这是一架单旋翼带尾桨式直升机，是现代直升机中最常见的机型。机身由钢管焊接而成，由一台气冷式发动机提供动力。

VS-300 直升机

起飞的动力

阿帕奇 AH-64w

直升机的旋翼高速旋转，在与周围的空气相互作用中，产生了向上的升力，这就是直升机起飞的动力。它主要是靠桨叶的旋转产生，所以即使在半空中直升机的发动机停止运转，飞行员仍旧可以通过特殊的装置使桨叶保持转动，防止机体快速下降。现代的直升机用途非常广泛，观光旅游、意外救险、商务运输、通信等，都离不开直升机的参与。

防止机身转动

有人会产生这样的疑问，当直升机的桨叶旋转时，是靠什么来保证它的机身不向相反的方向转动呢？当然，人们从一开始就不希望机身转动，所以在直升机的设计中，在它的尾部设计了尾桨。尾桨的转动可以产生一个反扭矩，防止机身在旋翼的带动下转动起来。除此之外，还有很多其他的方法，如共轴双旋翼、串列双旋翼、并列双旋翼等。

直升机准备降落

喷气的动力——喷气式飞机

驱动飞机前进的动力有很多。在发现蒸汽机、内燃机可以为飞机提供动力的同时,人们还发现了喷气的力量,这是一种区别于前两者的动力驱动方式。喷气式飞机就是依靠这种动力,实现了人类追求更快、更高的飞行目标。

第一架喷气式飞机

1939年8月27日,人类航空史上第一架喷气式飞机试飞成功。它是由德国的飞机设计师亨克尔和燃气涡轮专家奥海恩共同制作完成的,名为"He-178喷气式战斗机"。这架飞机的机身由亨克尔设计,发动机是奥海恩研制的推力为380千克的HeS3B涡轮喷气发动机。在巨大的轰鸣声中,这架飞机冲上蓝天,带领着飞机进入了喷气时代。

喷气式飞机

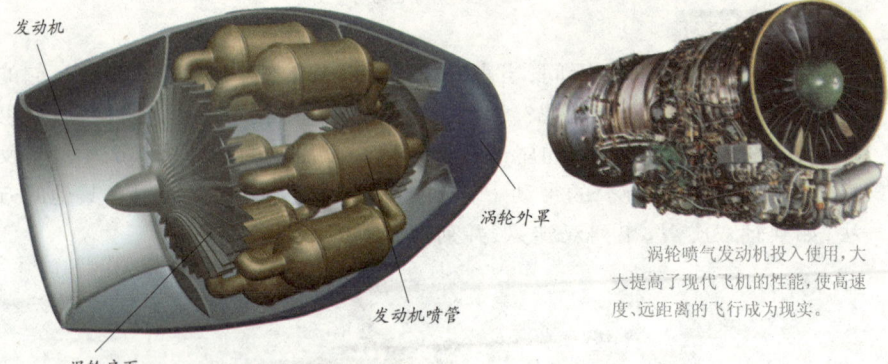

涡轮喷气发动机投入使用,大大提高了现代飞机的性能,使高速度、远距离的飞行成为现实。

世界上的第一架喷气式飞机——He-178

喷气的原理

如果以为世界上的动力装置只有蒸汽机和内燃机,那么喷气发动机就要不"高兴"了。喷气发动机是利用压气机先将空气吸入,然后在燃烧室内让燃油燃烧,加热空气。加热后的空气带动涡轮转动,涡轮又带动压气机给气体加压。最后,这种高压的燃气从发动机的排气锥和推力喷管喷出,产生向后的推力。

留在天上的尾巴

尾迹云

当喷气式飞机从天空中飞过的时候,人们常常会看到它身后拖着一条长长的"尾巴",在飞机飞过很长一段时间后,仍旧留在天空中。这条"尾巴"叫做飞机"尾迹云"。只有当喷气式飞机在$-20℃$的环境中飞行,而且空气湿度很高,接近于饱和,同时大气又比较稳定的时候,"尾迹云"才会出现。这是因为飞机尾部喷出的废气使空中的低温高湿空气凝结,就形成了人们看到的长长的白色"尾巴"。

喷气式飞机表演

喷气式飞机尾部喷出五颜六色的烟雾

现在,人们由喷气式飞机尾部拉烟现象得到启发,在一些特殊的场合安排了特别的"拉烟表演"。表演中,喷气式飞机尾部喷出五颜六色的烟雾,不断变换飞行路线,在空中留下美丽的图案。这种烟雾的产生,是因为在飞机的翼尖、机腹或者机尾安装了专门的烟雾释放装置,能够在表演中释放出烟雾来,它与喷气式飞机在自然状况下产生的烟雾并不一样。

应用于战争

因为喷气式飞机的飞行速度很快,所以人们一直都在考虑将其应用在军事方面。在第二次世界大战中,喷气式飞机就投入了使用。英国和德国都将一部分喷气式飞机应用在这次战争中,美国和日本也从英、德两国那里引进了制造喷气式飞机的技术。

喷气式飞机

飞在水面上——水上飞机

普通飞机的起飞、降落和停泊都要以平坦、坚实的陆地做支撑。可就有这样一种特殊的飞机,可以在水中自由地完成上面的动作,让其他飞机可望不可及,这就是"水上飞机",它可以根据人们特殊的需要,在水面上完成飞行或其他任务,是人类水上作业的好帮手。

飞机与船的结合

水上飞机可以被看做是"飞机与船的结合",最早实现这种结合的是法国人亨利·法布尔。他从1907年开始了对水上飞机的研究,1910年3月28日他所研制的飞机第一次试飞,但是没能离开水面。后来,他对这架飞机进行了改良。在第二次飞行中,飞机离开水面飞行了500米,真正成就了"飞机与船的结合"。世界上第一架水上飞机诞生了。

水上飞机

亨利·法布尔

第一架水上飞机

亨利·法布尔制作的世界上第一架水上飞机,严格说来是一架浮筒式的水上飞机,就是将普通飞机的起落架改装成可以在水面上浮起的浮筒。整个机身是木质结构,用粗帆布做蒙皮,浮筒是用弹性较好的胶合板制作而成。整架飞机在水中由三个浮筒支撑,一个装在机身前面,另外两个分别装在机翼下面。

世界上第一架水上飞机

水上飞机分类

水上飞机可分为浮筒式、船身式和水橇式,这些区别是因为在水中产生浮力的装置结构不同。浮筒式就是机身依靠浮筒产生的浮力;船身式的浮力装置类似于船舶的船体;水橇式就是在机身下安装了专门的"橇"状结构,飞机可以在水面上漂浮、滑行、起落。为了方便飞机的陆上行动,水上飞机的底部还装有轮子。

水上飞机

水上飞机表演

用途广泛

水上飞机由于特殊的性能,用途非常广泛,最早人们将它应用在军事活动中,装上炸弹、鱼雷等的水上飞机,是很好的进攻武器。在第一、第二次世界大战中,水上飞机在侦察、进攻、与空军协同作战等方面,都是功不可没。在和平年代,当油轮不慎在海中泄漏时,水上飞机可以帮助喷洒化学药剂,清理水面上的浮油,防止造成污染。另外,在一些需要特殊气氛的场合,水上飞机还能够进行精彩的水上表演。

未来的畅想

人们对水上飞机的思考和改进并没有停下来。人们设想将现在的"两栖"作业,向"三栖"方向发展,也就是说希望将水上飞机和潜艇结合起来,实现水上、水下、空中三栖作业。有人提议将其与潜艇合用,可以将飞机从水下射出;

水上飞机在陆地上

也有人提议对机翼进行改造,将其设计为可折叠式的,在水下时将其折起,到空中再展翼。这些都还只是初步的设想,人们还在不断的探索中。

去往更远的空间

从广阔的陆地到浩瀚的海洋,再到辽阔的天空,在现代交通工具的带领下,人类可以去往地球上的每一个角落。与此同时,在强烈的好奇心和探索欲的驱使下,人类又开始向更远的空间迈出脚步。航天技术的发展,使人类摆脱了大气层的束缚,飞向更加遥远的空间。

冲出大气层

现代的火箭多是作为运载工具,将人造地球卫星、宇宙空间站等运送到太空中。它的速度非常快,动力主要来自推进系统从火箭尾部喷出的高热气体产生的反作用力。最早的火箭于1924年诞生在苏联科学家齐奥尔科夫斯基之手,这枚火箭仅运行了56米,但却是人类在航空史上迈出的第一步。

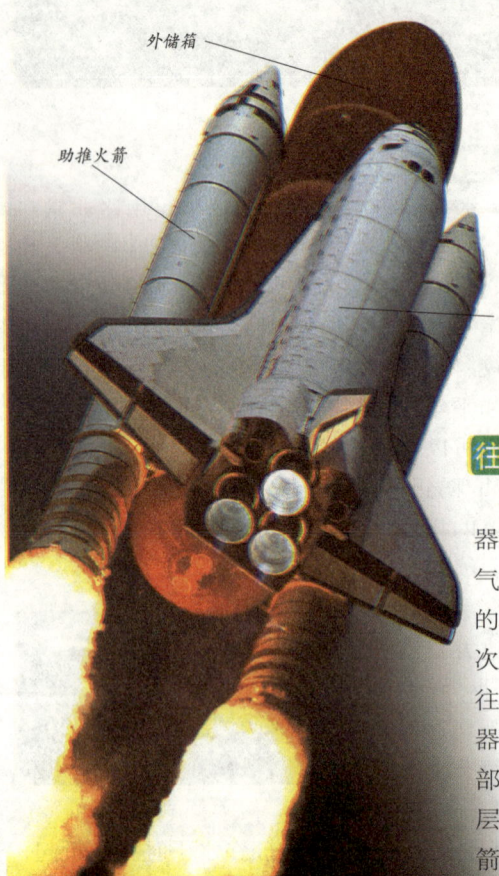

齐奥尔科夫斯基

往返天地间

由于在穿越大气层的时候,航天器的外部机身在高速运行中会与大气产生很大的摩擦,造成很大程度的磨损,所以一般的航天器都是一次性的。航天飞机是唯一一种可以往返于天地间的航天器,它由轨道器、固体燃料助推火箭和外储箱三部分组成。只有外储箱在进入大气层后烧毁,不能回收使用。助推火箭回收后可重复使用20次,而可供人乘坐的轨道器可重复使用100次。

人类走进太空

太空中的环境与地球上远不一样,所以人类要想进入太空,并且在太空中工作,就必须借助很好的保护装置。宇宙飞船就是这样一种航天器,它可以将人类带往太空,并且在舱内提供人类生存所必需的温度、湿度和氧气,真正实现了人类期望走得更远、进入太空的梦想。

"联盟"号飞船

太空中的"岛屿"

人在太空中工作就好像在海洋中一样,不能一直处于"居无定所"的漂浮状态。宇宙空间站就好像是太空中的"岛屿",给宇航员们提供了长期居住和工作的地方。它长期在固定的轨道上环绕地球运行,是人类进行太空工作的基地。人类历史上第一个宇宙空间站是苏联的"礼炮"1号。自此之后,很多国家都开始了对空间站的开发,也向太空发射了自己的空间站。

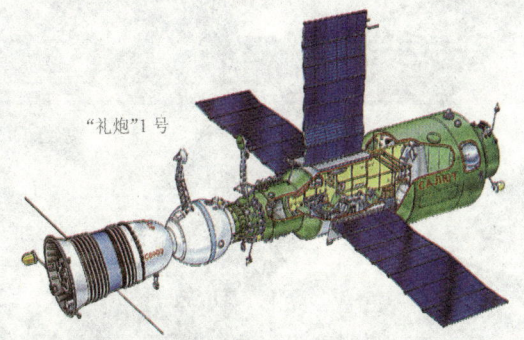

"礼炮"1号

"东方"1号

人类的第一次

1961年4月12日,苏联宇航员加加林乘坐"东方"1号飞船,在太空中环绕地球飞行了108分钟后安全返回,这是人类第一次进入太空世界遨游。1984年2月7日是人类与太空第一次亲密接触的时间,这一次,美国宇航员布鲁斯·麦坎德利斯和罗伯特·L.斯图尔特,走出了航天飞机,在太空中开始行走,170米的距离是人类首次太空漫步取得的好成绩。

尤里·加加林

刀光剑影的时代
冷兵器时代

当文明的曙光开始照耀人类社会的时候,战争也出现在人类社会活动中,并对社会的发展起到了很大的作用。随着社会的发展,兵器也在不断更新,冷兵器是人类使用时间最长的兵器种类,至少有数万年历史。

刀光剑影——冷兵器时代的开始

在人类文明出现以前,战争就进入了人类生活。在人类还处于蒙昧状态的时候,为了能够在战争中取胜,石头和棍棒成为了最原始的兵器。人类很早就掌握了烧制陶瓷的技术,这些技术使人类有了冶炼金属的能力。从铜质兵器开始,金属兵器统治了人类社会数千年,这是一个刀光剑影的时代。

石兵器

在原始社会没有专门的军队,也没有专用的兵器。原始人类对石块和木棒进行粗糙的加工,制成原始的工具,用来狩猎。当部落之间发生冲突时,这些平时用来狩猎的工具就成了武器。石制兵器是随着军事组织的诞生而出现的,最初的石兵器主要有石戈、石矛、石刀、石斧和石弹等。石兵器虽然简陋,但却奠定了冷兵器的基础。

最早的原始人用棍棒狩猎

冷兵器的分类

兵器从出现就有两大类:一类是投掷兵器,可以远距离打击敌人;另一类是劈刺类,就是进行近距离作战和防身的兵器。石块无疑是最原始的投掷类兵器,而木棒则是最原始的劈刺武器。

原始社会用的各种不同的石兵器

在《圣经·旧约》的《撒母耳记》中记载少年大卫使用甩石机和一块石子击杀了巨人哥利亚,使犹太人大获全胜。大卫就是使用最简单的石兵器打败了哥利亚。

铜兵器

铜是人类最早使用的金属之一,在1万年前人类就开始冶炼和铸造铜器。铜兵器是石兵器向青铜兵器过渡的中间阶段。铜兵器的出现并没有使石兵器立刻走下历史舞台,直到青铜大量应用,石兵器才退出历史舞台。

欧亚的很多民族都有关于原始人类冶炼和使用青铜器的传说。例如我们比较熟悉的众神采山上之铜为黄帝铸铜剑的故事。在西方,古希腊的《荷马史诗》中也有冶炼之神炼铜铸造铠甲和武器的故事。这说明在很早以前,人类就已经对铜比较了解并开始使用了。

钺是一种古老的兵器,由青铜或铁制成。

青铜兵器

青铜是铜和锡及其他少量金属的合金,也是第一种被大规模利用的合金,青铜时代就是以这种合金的名字命名的。青铜比铜更坚硬,因此更适合做兵器。

钢铁兵器

钢铁的坚韧性能比青铜要好,更适合制作兵器,在2 300多年前,西方和东方的兵器相继进入以钢铁为主要材料的时代。一些青铜时代的主要武器,例如剑、戈等,都让位于钢铁制作的刀和矛。剑成为象征性的兵器,退出了战场,大刀则成为主要兵器。

在黄帝战蚩尤的神话中,蚩尤部落就利用相对先进的铜兵器,在战争初期处于有利地位。

冷兵器的缩影——十八般兵器

铁兵器除继承了一些青铜兵器的类型以外,还出现了一些新式兵器。在民间广为流传的十八般兵器有:刀、枪、剑、戟、斧、钺、钩、叉、鞭、锏、锤、抓、镋、棍、槊、棒、拐、流星锤。其中刀和枪等武器在铁兵器时代才得到发展。

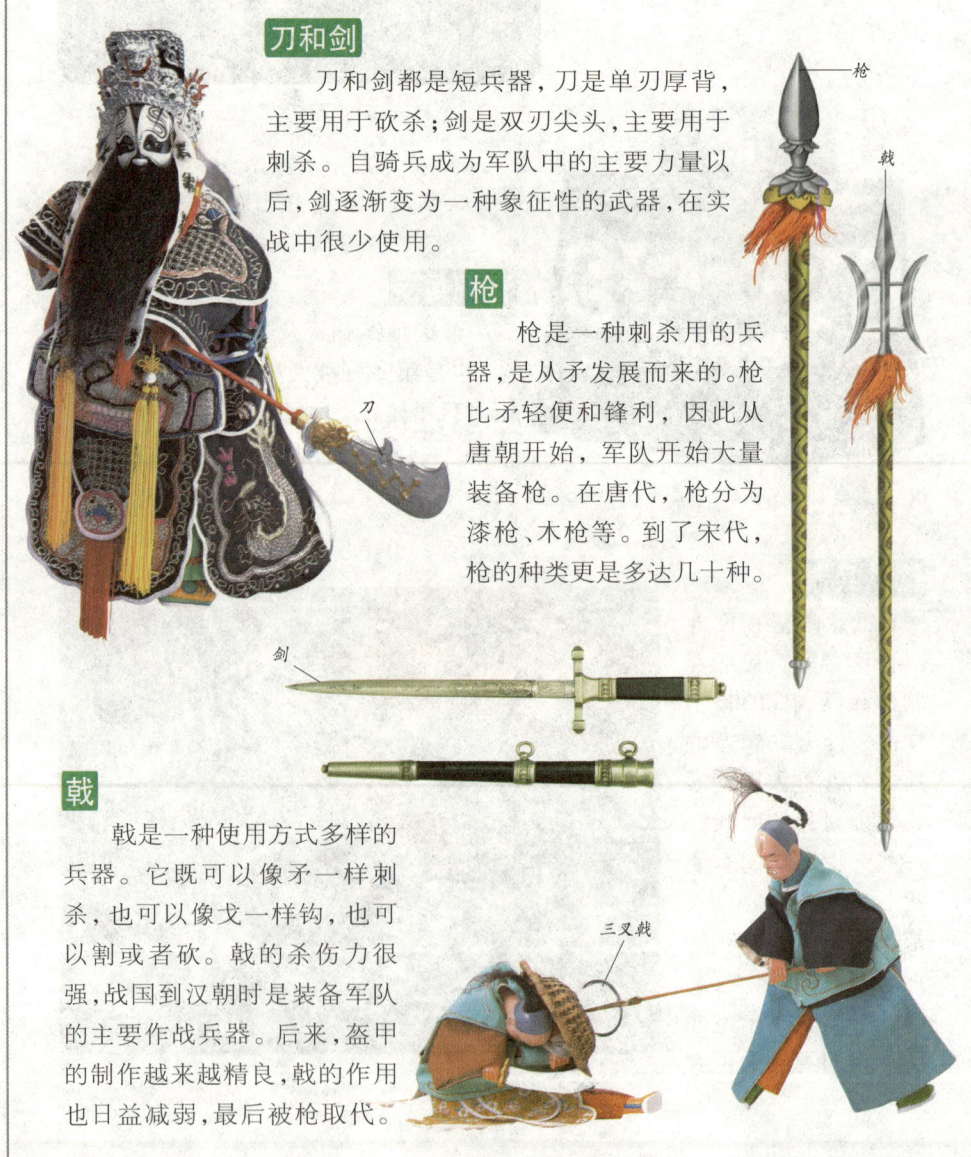

刀和剑

刀和剑都是短兵器,刀是单刃厚背,主要用于砍杀;剑是双刃尖头,主要用于刺杀。自骑兵成为军队中的主要力量以后,剑逐渐变为一种象征性的武器,在实战中很少使用。

枪

枪是一种刺杀用的兵器,是从矛发展而来的。枪比矛轻便和锋利,因此从唐朝开始,军队开始大量装备枪。在唐代,枪分为漆枪、木枪等。到了宋代,枪的种类更是多达几十种。

戟

戟是一种使用方式多样的兵器。它既可以像矛一样刺杀,也可以像戈一样钩,也可以割或者砍。戟的杀伤力很强,战国到汉朝时是装备军队的主要作战兵器。后来,盔甲的制作越来越精良,戟的作用也日益减弱,最后被枪取代。

戈

戈是一种长柄武器,可以勾,也可以啄。戈的使用历史非常悠久,从商代到春秋时代,戈一直是主要兵器之一,后来被戟取代。

铜

戈

矛

钺

斧和钺

斧和钺的作用差不多,都是用于劈砍的兵器。钺比斧体形大。斧和钺早在商代就有应用,后来斧和钺的应用比较少。在后汉到隋唐时,斧曾经被广泛应用。斧和钺的刃很厚,而且又笨重,战场上使用很不方便,到了宋代,逐渐衰落。

锤

斧

矛

矛是中国古代一种用于直刺和扎挑的长柄格斗兵器,在商代就有矛了,后来发展成为枪。

棍、棒类武器

棍、棒、锏、鞭和锤都是利用自身的重量和速度来伤害敌人的武器,在冷兵器时代初期,这类武器还有应用。在制作金属铠甲的技术成熟以后,它们对敌人的威胁也小了很多,而棍棒对一个穿着铠甲的人几乎无法造成伤害,所以这类武器很少出现在战场上。

驰骋战场——战车与战船

在很早以前就已经出现战车和战船了。虽然在冷兵器时代,战车和战船出现在战场上的机会并不多,但是它们在战场上发挥的作用依然让我们感到惊奇。

战车

古代两河流域的苏美尔人是世界上最早使用战车的人,大约在5 500年前,两河流域就有简陋的战车了。后来,随着苏美尔人的扩张,战车也传播到了西方其他地方。

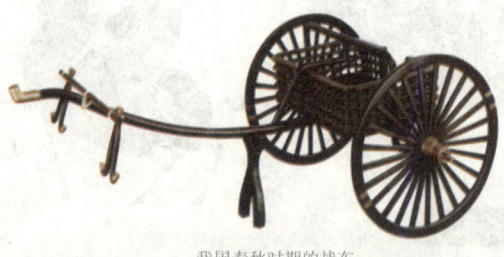

我国春秋时期的战车

辐轮战车

公元前2500年左右,拉格什鹫碑上就有战车图案,国王安纳吐姆站在战车上,高举投枪。这表明在当时的两河流域,战车已经普及。到了公元前16世纪,战车在两河流域及其周边地区应用广泛,在公元前1479年的米吉多战役中,仅仅是面对叙利亚和巴勒斯坦的城市联军,埃及人一战就俘获了924辆战车。希腊文明进入迈锡尼时代的时候,战车也已经大规模应用了。中国到了商代也开始在战场上使用战车。

古希腊的辐轮战车

骑兵比战车的机动性高出很多,而且比战车便宜,在战争中发挥的作用也比战车多。因此战车渐渐失去了作用,最后完全成了仅仅用具。

战 船

船最初只用于载人载物,到春秋末期,军事斗争发展到了水面上,战船也出现了。先秦各国船型名目有所差异,但总体来说大船用于正攻和指挥,中等船用于游击,小船用于侦察。到了唐代,各种战船和舰载武器也发展得很快。在古代西方,由于各国濒临地中海,有时要跨海作战,因此海战备受各国重视,但古代兵器技术不发达,海战只有两种主要攻击方式:一是冲击战,以船头坚硬的铁尖猛击敌舰的舷或尾,将其击沉或撞坏,此即所谓冲撞战术;二是舷并舷,紧靠敌舰,将其钩住,而后在甲板上展开步兵厮杀,即海上陆战。

1588年的英国盖伦战船

真实反映雷班托海战的油画

希波萨拉米海战中,雅典舰队的三层桨战船,该船身小而灵活。

帆

三层桨

萨拉米海战

公元前480年,波斯皇帝薛西斯率领的海军与希腊海军在萨拉米湾决战。千余艘波斯军舰将378艘希腊军舰围堵在狭窄的海湾里,但是自己却由于地窄船多,秩序大乱,无法调度。希腊战舰坚固,而且速度快,很多波斯战舰被撞坏,后退的波斯战舰又与后面涌进来的自己的战舰相撞,波斯人损失惨重。最后波斯反而被击败,损失了300多艘战舰,薛西斯没有办法,只好收兵,从此波斯丧失了制海权,希腊方面转守为攻。

战火纷飞的时代
热兵器时代

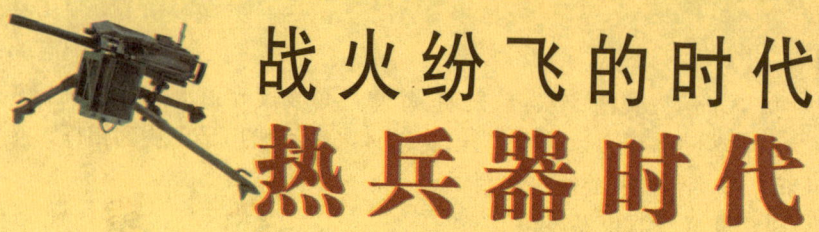

中国古代的炼丹师们肯定不会想到他们无意间发明的火药会改变整个世界的发展进程，无论是东方还是西方，火药的应用使战争的形态发生了变化。在西方，这种变化更加明显，随着工业革命的到来，火器不仅最终取代了冷兵器，成为战场上的主要兵器，而且也使军队发生了极大的变革。

火神的咆哮——热兵器

历史的车轮始终不会停止,火药的发明敲响了冷兵器时代结束的钟声。最早的火药虽然是简单的黑火药,但在战争中发挥了巨大的威力。黑火药传播到欧洲以后,引起了欧洲人的极大关注。

黑火药

黑火药配方最早出现在中国,随后就被用在战争上。在公元904年,我国就有关于火药武器在战争中使用的记录。在一些史书的记载中,黑火药的大致配比是一硝二硫三碳,后来的一些黑火药配方已经很接近近代黑火药的配制比例了。到了明初,为了对付外来民族,明军大量配置各种火器。

黑火药是中国古代的四大发明之一

近代的黑火药

最早的黑火药各成分之间的比例不是很合理,因此黑火药的成分比例在一直变动,最后才确定下来。黑火药有许多缺点,比如容易吸湿,不稳定,而且威力小,残渣多,烟雾大。所以,人们一直在寻找一种可以克服以上缺点的炸药。

奥斯曼帝国的军队攻打东罗马帝国的君士坦丁堡

近代黑火药的主要成分是硝酸钾

近代火药

18世纪以来,火药不断被改进。1771年英国的沃尔夫首先合成苦味酸;1838年佩卢兹发明硝化棉;1845年德国化学家舍恩拜因发明硝化纤维;1846年意大利化学家索勃莱洛发明硝化甘油;1863年威尔勃兰德发明三硝基甲苯;1875年诺贝尔发明了三硝基甘油和硅藻土混合的安全烈性炸药;1899年德国人亨宁发明黑索金。这些先进的火药加快了武器的发展步伐,也促使人们在实战中发展新的战术。

意大利化学家索勃莱洛

阿尔费里德·伯恩纳德·诺贝尔

研究发明新式火药是一个危险而又充满挑战的工作。诺贝尔和他父亲、弟弟一起研究新炸药,期间出过几次事,弟弟被炸死,父亲被炸伤,他自己也几次被炸,死里逃生,但是他始终没有放弃研究炸药。1866年,诺贝尔发明了达纳炸药;1872年,他又发明了胶质达纳炸药;1887年,他又发明了一种无烟炸药——"特强无烟炸药"。诺贝尔一生获得专利200多项,其中有一半多都是炸药,他发明的炸药给人们开山修路、挖矿以及建筑带来了很大方便,同时也为更强大武器的出现铺平了道路。

诺贝尔发明的达纳炸药

黄色火药简介

苦味酸是一种黄色结晶体的猛炸药,在19世纪末使用非常广泛,黄色炸药的名称就是由此而来。三硝基甲苯(TNT)是一种威力很强而又相当安全的炸药,它在20世纪初开始广泛用于装填各种弹药和进行爆炸,在第二次世界大战结束前,TNT一直是综合性能最好的炸药,被称为"炸药之王"。 在原子弹出现以前,黑索金是威力最大的炸药,第二次世界大战之后,曾取代了TNT的"炸药之王"宝座。

苦味酸是一种黄色结晶体的猛炸药,能产生很强的能量。

手持小炮——手枪

手枪是最常见的枪类武器。手枪在 15 世纪就出现,发展到今天,产生了很多种手枪,不同的手枪用途也不一样。手枪在现代应用广泛,不仅是各国武装力量必不可少的武器,而且还用于治安警卫、狩猎和体育比赛。

手枪的分类

手枪按不同的方式分为不同的种类。按使用对象可分为军用手枪、警用手枪和运动用手枪;按手枪用途分为自卫手枪、战斗手枪和特种手枪;按结构可以分为自动手枪、左轮手枪和气动手枪。

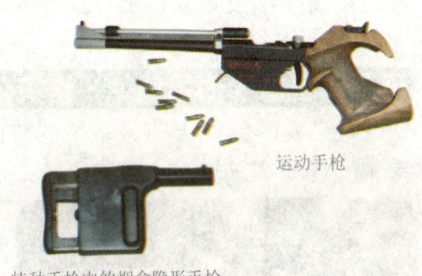

运动手枪

特种手枪中的烟盒隐形手枪

在 14 世纪初,中国就出现了一种手持小型火铳——手铳。这种火铳的口径有 25 毫米,长约 30 厘米,它可算得上是最早的手枪了

自动手枪

手枪的历史

早期的枪械并没有分种类,统一称为火枪。最早的火枪只是一个细长的铁筒,后来有人发明了枪托,便有了长枪和短枪的区别,短枪被认为是今天手枪的远祖。最初的手枪是火门手枪,后来发展为火绳手枪,以后随着点火技术和火药的发展,陆续出现了转轮发火手枪、燧发手枪、击发手枪、转轮手枪,现在主要使用的是自动手枪。现代手枪只包括转轮手枪和自动手枪。

转轮手枪

转轮手枪俗称左轮手枪,是一种装有多膛转轮的手枪。转轮上通常有6个弹膛,这些弹膛也有作为弹仓的作用。射击时,只要旋转装好枪弹的转轮,就可以使每个枪弹依次与枪管和撞针对齐,逐个发射。转轮手枪一般口径在 7.63 ~ 11.43 毫米之间,重量为 0.75 ~ 1.3 千克。

巴顿将军的转轮手枪

在德林格手枪发展的全盛时期,那些常年在外奔波的人们都希望能够拥有一把威力大且操作简单的德林格手枪。

普通人+转轮手枪=刺客

在历史上,一些国家的首脑被刺客用转轮手枪刺杀。在美国,就有4位总统被刺客用转轮手枪击中,除了里根总统死里逃生以外,其余3位都被杀死。以色列前总理拉宾也是被刺客用转轮手枪刺杀的。这些刺客并不都是经过专门训练的,转轮手枪性能稳定,射击容易成功,使得普通人也可能成为一个刺客,因此转轮手枪成为刺客最喜欢用的手枪。

自动手枪

自动手枪是利用火药爆炸产生的能量实现子弹发射和装弹的手枪,分为全自动手枪和半自动手枪。全自动手枪也叫战斗手枪,可以连续发射子弹;半自动手枪即常说的自动手枪,扣一次扳机就发射一颗子弹。

柯尔特 M1911A1 的分解图

M1911A1 自动手枪

M1911A1 自动手枪是由 M1911 自动手枪改进而来的。M1911 自动手枪是著名枪械大师勃朗宁设计的,美军于 1911 年开始装备,到 1923 年改进为 M1911A1。1926 年 M1911A1 代替 M1911,直到 1985 年才被 M9 替换。

枪中之王——步枪

步枪是一种单兵肩射的长管枪械,主要用于发射枪弹,杀伤暴露的有生目标,有效射程一般为 400 米,使用范围非常广泛。步枪短兵相接时,也可用刺刀和枪托进行白刃格斗,有的还可发射枪榴弹,并具有点、面杀伤和反装甲能力。

步枪分类

步枪按自动化程度可分为非自动、半自动和全自动三种;按用途可分为普通步枪、骑枪(卡宾枪)、冲锋枪、突击步枪和狙击步枪等。现代卡宾枪与自动步枪已经没有什么区别了,而突击步枪也经常被人们称为冲锋枪。

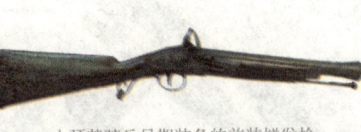
土耳其骑兵早期装备的前装燧发枪

亨利1860式连珠步枪

狙击步枪

L85A1 式 5.56 毫米突击步枪结构图

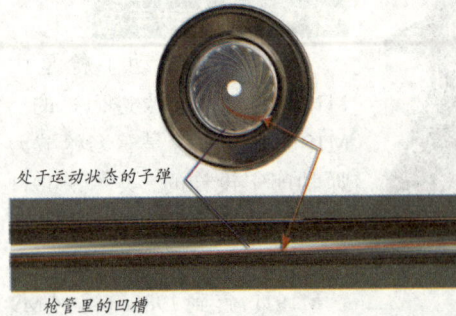
处于运动状态的子弹
枪管里的凹槽
膛线剖面图

步枪历史

在火药刚出现的时候,就有类似于步枪的火器了。最早出现的步枪是非自动步枪,它在半自动步枪出现以后逐渐被淘汰。半自动步枪曾经是战场上主要的单兵武器,但是由于缺点太多,在20世纪60年代后就慢慢被淘汰了。现在所使用的步枪基本上都是自动步枪。

毛瑟 98K 卡宾枪

毛瑟 98K 卡宾枪简称 Kar98K，是二战时德军主要使用的步枪，它继承了 98 系列步枪设计上的优点，方便携带。加装了数倍光学瞄准镜后，Kar98K 卡宾枪可以作为一种优秀的狙击步枪使用，同时还可以加装榴弹发射装置来发射枪榴弹。在盟军进行诺曼底登陆时，作为狙击步枪使用的 Kar98K 给登陆的盟军造成了很大伤亡。

二战中的毛瑟步枪

步枪之王——AK-47

AK-47 由苏联著名枪械大师卡拉什尼科夫设计，它是步枪中的王者。AK-47 的威力巨大，成本低下，价格便宜，因此成为世界上最著名的突击步枪，以 AK-47 为首的 AK 系列步枪的总数目不低于 5 000 万支。莫桑比克在国旗和国徽上绘有 AK-47 的图案，以纪念自己国家的民族独立战争。

AK-47 突击步枪使用方便、坚实耐用、故障率低，即使在风沙泥水中也可以使用，性能可靠，而且结构简单，分解容易，成为各国士兵的最爱。

瞄准镜

狙击步枪

狙击步枪是一种特殊的步枪，它比一般的步枪多装一个瞄准镜，枪管也经过特殊加工，以便能更精准射击，这使得狙击步枪的威力比普通步枪的威力大了很多。狙击步枪口径不同，其作用也就不同。

用血写历史——机枪

机枪是一种很重要的军用枪械,它能够连续发射子弹,威力十分巨大。现代机枪口径一般在 15 毫米以下。机枪在战斗中的主要任务是以密集的火力杀伤敌人或者压制对方火力,支援步兵战斗。

机枪的历史

早在 15 世纪就有多管式机枪以及后来的多管炮。在 19 世纪中期,加特林把这些古老的枪械改进了一下,于 1862 年发明了手摇式多管重机枪。随后,又有一些人对机枪进行了改进,其中数马克沁的改进最成功。

蒙蒂尼机枪是世界上最早的机枪,现在存世的仅两挺,都是 25 管的,一挺在法国巴黎,一挺在德国科布伦茨。

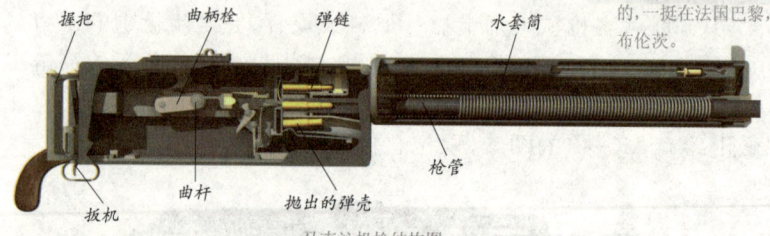

马克沁机枪结构图

机枪的分类

现代机枪可以分为轻机枪、重机枪、通用机枪、坦克机枪、航空机枪、大口径高射机枪等。不同的机枪应用的场所也不一样,发挥的作用就更不一样了。轻机枪用于为冲锋部队及时提供火力支援;重机枪是防守阵地不可缺少的武器,等等。

M1919A4 式重机枪

战场上的绞肉机

机枪在战场上可是名副其实的绞肉机。在第一次世界大战的时候,水冷重机枪就以其巨大的杀伤威力而成为令人恐惧的武器。在二战时,机枪更是战场上不可缺少的武器。谁也无法知道有多少生命倒在了密集的机枪子弹下。正是由于机枪巨大的威力,而且在短时期内还没有什么武器可以替代它,所以机枪依然受到青睐。

现代机枪

二战后,小口径机枪的出现使机枪的发展步入现代化。现代机枪的主要特点是:结构简单,重量轻,操作、携带方便,火力强,火控系统先进,技术含量更高,威力更大。并且,现代机枪可以应用的领域也得到了扩展。便于携带的轻机枪能够为冲锋部队及时提供火力支援,因此成为现代机枪的主力。

现代机枪

"米尼米"机枪的机匣寿命为10万发,枪机为5万~6万发,全枪连同200发弹箱重10千克,比M60通用机枪轻,只需一人携带、操作。

机枪之最

目前世界上射速最快的机枪是美国的M134机枪,其理论射速高达每分钟6 000发子弹,是普通机枪的10倍;口径最小的机枪是苏联的RPK-74,使用的子弹只有5.45毫米,设计者是卡拉什尼科夫;最轻的轻机枪是阿蒂马克斯轻机枪,枪身只有4.5千克重。

美国的M134是世界上射速最快的机枪

手中机枪——冲锋枪

冲锋枪是一种现代单兵近战武器,长度介于步枪和手枪之间。它短小精悍、火力猛烈、使用灵活,非常适合冲锋或反冲锋,山岳丛林、阵地堑壕、城市巷战等短兵相接的遭遇战和破袭战等。冲锋枪虽然出现时间晚,但它却是轻武器家族中不可缺少的重要成员之一。

冲锋枪简史

1915年,意大利人艾比尔·贝特尔·瑞维里制造出第一支具有冲锋枪特征的连射枪支,命名为维拉·佩罗萨M1915式。在一战中,这种冲锋枪让人耳目一新,成为人们关注的新型枪支,各国都开始研制这一新出现的枪种。其中德国研制的伯格曼MP18I式9毫米冲锋枪是世界上第一种真正实用的冲锋枪,同时出现的主要冲锋枪还有美国的M1928A1式汤普森冲锋枪、芬兰苏米M1926式冲锋枪和苏联的PPD1934/38式冲锋枪。

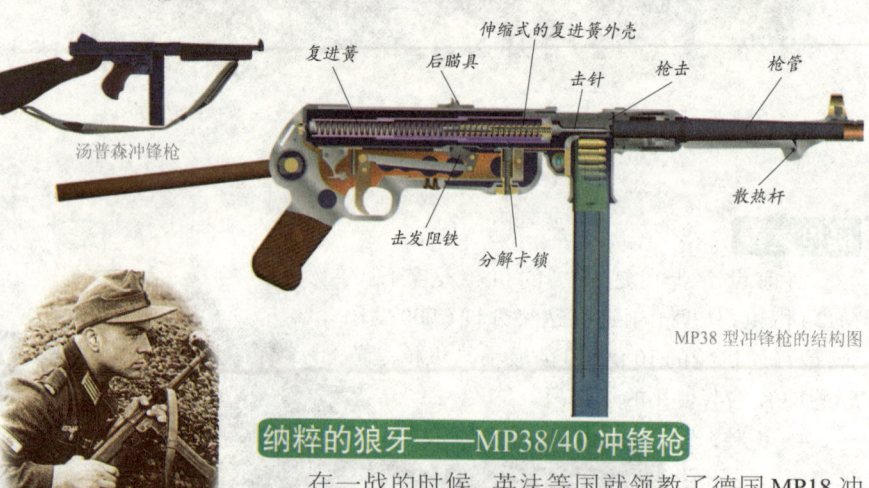

MP38型冲锋枪的结构图

纳粹的狼牙——MP38/40冲锋枪

在一战的时候,英法等国就领教了德国MP18冲锋枪的威力,因此在战后禁止德军装备冲锋枪。随着纳粹势力统治德国,德国开始研制新式冲锋枪。埃尔马兵工厂研制的MP38冲锋枪具有划时代的意义,德军于1938年开始装备该武器。后来德国又将MP38式改进为MP40式冲锋枪,并大量装备各个兵种。

苏联波波沙冲锋枪

PPSH41大部分零部件都采用钢板冲压、焊接制成,具有结构简单、加工工艺好、易于大量制造、火力猛烈的特点。

苏联的波波沙冲锋枪诞生于1941年,被命名为PPSH41,其设计师是苏联著名的枪械设计师沙普金。PPSH41的操作直接由气体推动来完成,利用子弹发射时的燃气来完成击发、退膛抛壳、上弹复进和击发。它的射速很高,在150～200米的距离上准确度极高,使得在射程内的目标很少有生存逃脱的机会。二战中,在围攻苏联城市的时候,德军士兵宁可使用波波沙冲锋枪,也不愿用MP40。

伯莱塔M12S冲锋枪

伯莱塔M12S冲锋枪是意大利的伯莱塔公司生产的一种性能卓越的冲锋枪。M12S冲锋枪枪身较短,全长只有418毫米,设计结构精巧,机匣、发射机框、握把及弹仓融为一体,可以在恶劣条件下射击。M12S冲锋枪发射的子弹出膛速度为每秒360米,射速每分钟500多发,可以单射,也可以连射,弹匣装弹20～40发,枪重3.2千克。

伯莱塔M12S冲锋枪是世界上第一流新型冲锋枪之一,用来装备意大利特种部队。

现在的冲锋枪——突击步枪

在二战以后,步枪向小型化和自动化方向发展,在吸取了冲锋枪的构造方法以后,新发展出一种突击步枪。突击步枪结合了步枪的精准和冲锋枪火力猛的优点,它的出现让旧式冲锋枪的优势荡然无存。没过多少年,旧式冲锋枪就被各国军队弃置不用了。现在我们所说的冲锋枪多指突击步枪。

枪械名家——著名枪械设计师

早期的火枪促进了资本主义的发展，为人类社会的进步作出了巨大的贡献。到了近代以后，不断发生的战争又促使人们研制更好的枪械。19～20 世纪之间，枪械设计技术突飞猛进。伴随着一批声名显著的枪支的出现，它们的设计者也成为人们津津乐道的对象。

勃郎宁

勃郎宁是世界著名的枪械设计师，他一生设计了多种枪械。在斐迪南大公遇刺事件中，刺客使用的枪支就是勃郎宁设计的 M1900 式手枪。他后来设计的几款手枪曾经风靡世界，其中，M1911 式手枪在美国军队服役长达 75 年。勃朗宁 9 毫米手枪是第一把使用双行和高容量弹匣手枪，同时他也设计了几种机枪和步枪。

海勒姆·斯蒂文斯·马克沁

美国工程师马克沁通过勤奋自学而成为知名的发明家。马克沁最大的发明就是水冷式机枪，这把枪支在 19 世纪末期和 20 世纪初期被大量使用，尤其是在一战中，马克沁机枪因其强大的杀伤能力，被称为"马克沁屠夫"。在发明水冷机枪后，马克沁又做出了其他一些改进，使机枪获得进一步的发展。他也做出了其他发明贡献，但是相对于水冷式机枪都不出名。

机枪之父——海勒姆·斯蒂文斯·马克沁

转轮手枪之父——塞穆尔·柯尔特

柯尔特是左轮手枪的发明人，被称为"转轮手枪之父"。在年轻时，他曾从船舵获得灵感，画出转轮手枪的草图。后来研制实用手枪。到 1834 年，他终于制造出第一把样枪。1835 年，他申请了转轮手枪的专利。后来，他的转轮手枪达到了当时自动手枪的水平。在战争中，转轮手枪成了士兵们得心应手的武器，19 世纪中期以后，转轮手枪风靡全球。后来的转轮手枪基本沿用了柯尔特的设计。

卡拉什尼科夫

卡拉什尼科夫是俄罗斯著名的枪械设计师,他并没有接受过正规的机械设计教育,在二战战场上受伤以后的疗养期间,他开始探索设计枪支。他设计的第一支步枪在1947年开始装备苏联军队,并被命名为AK-47。可能连卡拉什尼科夫都没有想到,他设计的AK系列步枪会成为世界上应用最广泛的步枪。全世界生产的AK系列步枪的总数超过了1亿支。

俄罗斯著名的枪械设计师卡拉什尼科夫

斯通纳

美国人斯通纳因成功研发M16系列自动步枪而闻名于世。他整合了以往几种成功步枪的经验,配合美国强大的工业工艺能力,研制出一代名枪,其设计理念与AK完全相反。他设计的M16系列步枪设计合理,准确性高,火力强大,使用轻便。但是该类枪械制造过程复杂,维护需求高,对环境的要求也比较严格,这限制了它的应用范围。后来斯通纳对M16进行了改进,研制了M16A1。斯通纳也是一位多产的设计师,他设计武器的口径有5.56毫米、7.62毫米、12.7毫米,甚至还有37毫米大口径炮。

斯通纳与卡拉什尼科夫在一起

枪族食粮——子弹

枪械设计的最终目的就是要把子弹射向目标,而枪械的改变对子弹也有很大影响。子弹从几百年前简单的铁丸发展到现在的各式各样,期间经历了很多次变革。每一次变革,子弹的威力和性能就会有一次明显的提高。

早期的子弹

早期的突火枪使用铁砂作为子弹,由于黑火药的威力有限,这些铁砂对较远距离的人员几乎没有伤害。在欧洲,火绳枪出现以后,曾经用石粒作为子弹。线膛枪出现以后,又改用铅作为子弹。铅熔点低,易于加工,在不打仗的时候,火枪兵自己也可以加工制作子弹。这样的子弹一般呈不规则球形,杀伤力也一般。

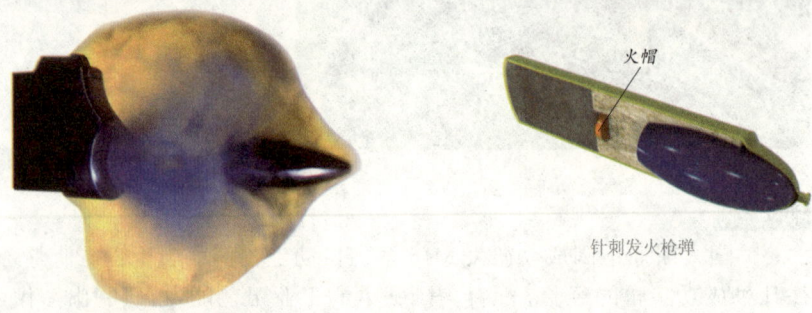

子弹射出瞬间

针刺发火枪弹

现代的子弹

现代子弹由弹头、弹装火药、弹壳和底火四部分组成。按子弹弹头击中目标后的状态可以分为实心型、扩张型和粉碎型,而且弹头的形状不一样,击中目标后产生的效果也不一样。

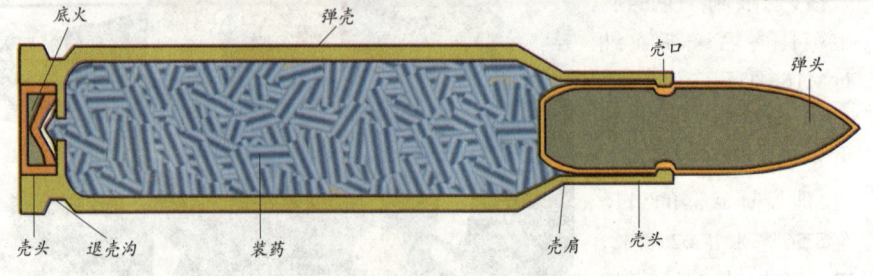

手枪或步枪所使用的弹药,通常包含弹头、弹壳、弹装火药、底火四部分。

帕拉贝伦手枪弹

"帕拉贝伦"这个词指的是由德国武器弹药制造公司设计发展的枪支弹药,因为该公司的电报地址是柏林市帕拉贝伦。"帕拉贝伦"来自拉丁谚语,意思是:"如果想要求得和平,必先准备战争。"

帕拉贝伦9毫米手枪弹

小口径子弹

现代步枪口径比较小,一般都在5～6毫米之间,不同口径的枪械使用的子弹也不一样,其中以小口径子弹使用最多,这是因为小口径子弹射出枪口的速度比较快,而且旋转速度高,击中目标后,子弹会在对方体内翻滚,将更多的能量释放出来,给对方造成更大的伤害,其伤害能力接近达姆弹的程度。

 5.7毫米   7.62毫米    7.63毫米    7.65毫米    8毫米    9毫米

现在小口径手枪和自动步枪使用的子弹,其口径大多是5.59毫米,弹长在7～27毫米之间;普通的手枪子弹口径在5.45～12.7毫米,弹长在15～40毫米之间;普通的步枪子弹口径在4.32～15.24毫米之间,弹长在30～113毫米。

达姆弹

达姆弹是由印度达姆兵工厂军方总监克莱上尉设计的,这种子弹由于弹头上的金属外壳被取掉而露出铅芯,在击入人体后铅芯会扩张或者碎裂,对人造成永久性严重伤害。因此,国际上禁止在交战时使用任何达姆弹类型子弹。

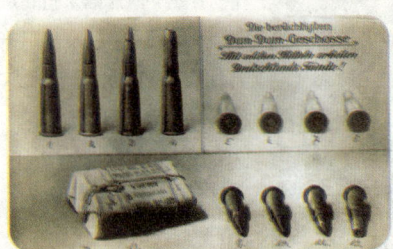

达姆弹是一种伤害性很大的子弹

火写的历史——炸弹

炸弹是一种利用自身的炸药爆炸产生的作用摧毁目标的武器。炸弹出现的时间和火药出现的时间差不多。最早的炸弹杀伤力并不大,主要起威慑恐吓的作用。但是随着新式火药的出现,现代炸弹的威力远远超越了自己的"前辈",成为战场上杀伤敌人的主要武器。

炸弹的威力

炸弹的杀伤力主要来自于炸药爆炸产生的高温高速气体、冲击波和强光,其中高温气体和冲击波是主要杀伤手段。现在常用的炸药通常是由一些黄色炸药混合制成的,威力比单一的炸药大,这种炸药爆炸时在小于1纳秒的时间将所有的能量释放出来,爆炸中心温度高达三四千度,炸药爆速大约每秒7千米,黑索金的爆速更是高达每秒8.4千米,是声音传播速度的25倍,炸弹的有效杀伤半径与炸药数量有关,一般最少也在10多米。

早期的炸弹

手榴弹的特点

手榴弹弹体由金属、玻璃、塑料等材料制成,铝或塑料弹体产生的碎片小而轻,杀伤范围小,但杀伤力强。手榴弹的装药可以是各类炸药,也可以是催泪瓦斯、铝热剂等化学制剂。引信是手榴弹不可缺少的装置,杀伤手榴弹大多使用延时引信,有的也使用组合引信。手榴弹的作战距离很短,一般是距投掷者30多米远的地方,有效杀伤半径不超过10米。

炸弹爆炸后会产生很强的冲击波,将房子炸成一片废墟。

地雷

地雷是一种爆炸性武器，通常布设在地面下或地表，受目标作用并满足其爆炸条件时即自行爆炸，或等目标进入其作用范围时操纵爆炸。在使用地雷的时候，通常会在敌人经过的地方布置大量地雷，制造一个地雷区，以增加对敌人的伤害概率。地雷的使用寿命很长，在战争结束后，那些没有爆炸的地雷也会伤害到无辜平民。

水雷

水雷布设在自己的海域，可以构成防御水雷障碍，保护己方海域；布设在敌人海域，可以构成攻势水雷障碍，打击和限制敌舰艇活动，有利于自己舰艇打击敌人。现代水雷有一百多种，就其爆炸原理来说，大体可分为两大类：一类是触发水雷，当舰船触碰时才引起爆炸；另一类是非触发水雷，它们是利用舰船航行时所产生的磁场、声场、水压场等，在一定距离上引起爆炸，对舰艇产生破坏作用。

电磁炸弹

每当打雷闪电的时候，我们会发现一些带有天线或金属外壳的电器容易损坏，这是因为闪电的时候会产生强烈的电磁波，一旦天线或金属外壳接收了这些电磁波，与天线连接的电器内的电信号会发生变化，导致电路的电流上升而烧毁电器。电磁炸弹就是利用这种原理来达到破坏电子设备的目的。电磁炸弹爆炸时产生的能量是一次闪电释放的能量的上百倍，因此它产生的电磁波的破坏威力也大得惊人，可以使附近正在工作的电子设备失去作用或者彻底瘫痪。

航空炸弹

航空炸弹是一种从飞行器上投掷的爆炸性武器，是轰炸机和攻击机的主要武器之一。航空炸弹是伴随着军用飞机的产生而出现的，在第一次世界大战中，航空炸弹初露锋芒就引起了各国的关注，随后就成为装备空军的制式武器。

智慧的炸弹——导弹

导弹的诞生时间并不长,它是在二战末期才出现的,但是发展速度却很快。无论是杀伤力,还是打击的精确性,或是打击的距离,导弹都堪称武器之最。在现代,导弹成为战争中出奇制胜的法宝,在二战后的历次战争中都可以看到导弹的身影。

最早的巡航导弹及导弹战

在二战末期,德国研制出了V系列导弹,这是世界上最早的巡航导弹。1944年6月,伦敦遭到V-1导弹的袭击。V-1导弹的外形像无人驾驶飞机,由弹内磁性罗盘和一种特制的机械装置操纵。9个月后,德国又发射了V-2导弹,对盟国造成了很大威胁。

1944年,在伦敦上空飞行的V-1导弹。

AIM-7"海麻雀"导弹

AIM-9"响尾蛇"导弹

AGM-65"小牛"导弹

导弹大家庭

经过几十年的发展,现在导弹大约有800种,已经形成了一个庞大的"家族",像地对地导弹、空对地导弹、地对空导弹、空对空导弹、反舰导弹、反坦克导弹、弹道导弹和反弹道导弹都是它的成员,而且随着科学技术应用的发展,这个大家庭还会不断发展壮大。

防空导弹

防空导弹是指由地面或水面发射、以拦截空中目标为任务的战术导弹,也称为地对空导弹。最大射程在100千米以上的称为远程防空导弹,20~100千米之间的称为中程防空导弹,10~20千米的称为近程防空导弹,10千米以内的称为短程防空导弹。经历了50多年的发展,现代防空导弹不仅发射距离远、威力大、命中精度高,而且一套防空导弹系统还可以同时攻击多个目标。现役的防空导弹有美国的"爱国者"系列地空导弹、俄S-400"凯旋"防空导弹等。

美国最先进的防空导弹"爱国者"PAC3

战略巡航导弹

战略巡航导弹的射程在 600 千米以上，最远可达 3 000 多千米。战略巡航导弹可以携带常规弹头，也可以携带核弹头，能够很好地弥补弹道导弹的火力空白。巡航导弹的飞行速度较慢，容易被拦截，现在新的巡航导弹具备一定的隐形能力，以减少被敌人发现的概率。

AGM-129A（ACM）是美国空军的战略空射巡航导弹，装备 B-52H 战略轰炸机，用于补充、加强或替换 AGM-86B 导弹。该导弹的最大特点是采用多种隐身技术。

远程和洲际导弹

远程和洲际导弹属于战略导弹，通常携带一枚当量巨大的核弹或数枚当量较小的核弹。远程导弹射程在 3 000～8 000 千米，洲际导弹的射程在 8 000 千米以上，一般采用 2～4 级火箭发动机。远程和洲际导弹大多是弹道导弹，是核大国进行核威慑的主要力量，其中比较著名的有美国的"民兵"导弹、MGM118A"和平卫士"战略弹道导弹、"三叉戟"Ⅱ潜射导弹和俄罗斯的"白杨"-M 战略弹道导弹等。

俄罗斯 20 世纪 90 年代研制并部署的"白杨"-M 洲际战略弹道导弹

战争之神——火炮

火炮是最早出现的一种火器,在战场上有近千年历史。无论是在16世纪的攻城战中,还是在20世纪残酷的战场上,都会看到火炮的身影,因此火炮被称为"战争之神"。

火炮的历史

炮本来是指投石机械,在13世纪以前,人们发明了利用火药作为推力的管状武器,后来被称为火炮。火器技术传播到欧洲以后,火炮技术也得到了发展。到了16世纪中叶,欧洲出现了青铜和熟铁制造的长管炮,代替了以前的短管炮。还采用了前车,便于快速行动。16世纪末,出现了将子弹或金属碎片装在铁筒内制成的霰弹,用于杀伤人马。1846年,意大利人制成了后装线膛炮,其精度和发射速度都有明显提高,这是火炮结构的一次重大变革,直到现在,火炮的基本结构没有多少改变。

古代火炮大都是前装式滑膛炮,火炮上没有或是只有很简陋的瞄准和反后坐装置,射击时往往需要人工点火。

火炮发展的里程碑

火炮发展史上最重要的一次变革就是后装线膛炮的出现。1846年,意大利的G.卡瓦利少校制成了后装螺旋线膛炮,螺旋线使炮弹旋转飞行,以保持稳定,这样不仅提高了火炮的威力和射击精度,而且射程也更远,此外,后装炮弹也可以提高射速。一战时,德国制造了著名的"巴黎大炮",它的口径只有210毫米,而炮管长达34米,射高达40千米,射程100多千米。二战期间,德国人又制造了"古斯塔夫"巨炮,炮身长40多米,射程达46千米,重达1 344吨,威力惊人。但是"古斯塔夫"巨炮使用起来极不方便,使用次数极其有限。

现代火炮

数十年来,火炮的结构没有什么大的改变,唯一的变化就是在一战结束前出现了牵引式火炮,在二战前出现了火箭炮,二战中出现了自行火炮,火炮威力和机动能力大大提高。

现代火炮广泛采用计算机、瞄准具、测角仪等装置。

加农炮

加农炮是一种长管火炮，它是出现最早的火炮之一。在近代战争中，加农炮以其巨大的威力和较远的射程赢得了重视。随着技术的发展，加农炮的射程越来越远，威力也越来越大，现代加农炮的射程多达几十千米。加农炮家族中包括野炮、骑炮、海岸炮、航空炮、反坦克炮等。著名的加农炮有美国的M59式加农炮和苏联的M46式加农炮。

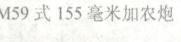

M59式155毫米加农炮

榴弹炮

"野蜂"自行榴弹炮是德军在二战中的最后一种重型榴弹炮，在战场上广泛使用。

榴弹炮也是一种出现得比较早的火炮，早在17世纪就开始装备使用了。榴弹炮的炮管较短，弹道比较弯曲，适合于打击隐蔽目标、大面积阵地和进攻部队。榴弹炮的射角很大，可以发射多种炮弹，是战场上不可缺少的一种火炮。著名的榴弹炮有德国在二战期间研制的"野蜂"自行榴弹炮、美国的M1096A6式"帕拉丁"自行榴弹炮和M110系列自行榴弹炮。

迫击炮

迫击炮的射程近，弹道弯曲，适合于打击近距离的敌人，深受各国步兵分队、游击队、突击队和快速反应部队的欢迎。迫击炮作为优秀的近距离火力支援武器，被各国军队大量装备，现在还出现了装载在轮式或者履带车辆上的自行迫击炮。著名的迫击炮有英国的L16式81毫米迫击炮和美国的M224迫击炮。

L16式81毫米迫击炮是当代最好的81毫米迫击炮之一，由炮身、炮架、座板和瞄准具等部件组成，可以发射"灰背隼"反装甲炮弹。

高射炮

高射炮是用来对付各种低空飞行器的武器，有时也攻击地面和水面目标，简称高炮。高炮具有身管长、射击准确、射击范围大和射速高的优点。随着防空导弹进入实战，大口径的高射炮慢慢被导弹替代。而小口径高射炮在低空防御有着特别的优势，所以现在使用的高射炮大多是不超过 40 毫米口径的高射炮。像美国"火神"M163A1 式 20 毫米自行高射炮，其理论射速高达每分钟 3 000 发，射高为 900 米；德国"猎豹"35 毫米双管自行高射炮的射高为 3 000 米。

反坦克炮

反坦克炮是一种用于对付坦克、步兵战车和其他各类装甲目标的火炮，它反应快、炮弹飞行速度高，外形低矮，以便于隐蔽接近目标。反坦克炮身管比较长，炮弹初速大，弹道平直低伸，射角一般不高于 45°，瞄准和发射炮弹速度比较快，弹丸飞行速度为 1 300 ～ 1 800 米/秒。著名的反坦克炮有德国在二战时期研制的"犀牛"自行反坦克炮和意大利的"逊陶罗"自行反坦克炮。

"犀牛"式自行反坦克炮

火箭炮

火箭炮是一种构造独特的大威力炮兵武器，它发射的炮弹是火箭弹。火箭弹依靠自身携带的燃料推进，因此火箭炮的射程主要取决于火箭弹发动机性能。火箭炮采用特殊点火方式，在极短的时间内发射大量弹头，向远距离的大面积目标实施突然袭击，用以歼灭、压制有生力量和技术兵器，让敌人感到恐慌失措。著名的火箭炮有苏联的"喀秋莎"火箭炮、"旋风"BM-30自行多管火箭炮和北约国家于1981年研制成功的 M270"钢雨"多管火箭炮系统。

"喀秋莎"是世界上第一种现代火箭炮。

火箭筒

火箭筒

火箭筒是一种发射火箭弹的便携式反坦克武器，主要用于近距离打击坦克、装甲车辆和摧毁工事等目标。可以由单兵携带和发射，是各国陆军普遍装备的反装甲武器之一。火箭筒操作方便，能够有效杀伤近距离目标。尽管目前反坦克导弹发展很快，但火箭弹仍是近距离主要使用的反坦克武器之一。著名的火箭筒有瑞典的 AT-4 火箭筒和苏联的 RPG-7 火箭筒。

航炮

航炮是指安装在军用飞机上的航空机关炮。航炮口径一般在 20 毫米以上，主要用于攻击空中目标，也可攻击地面和水面上的目标。航炮具有重量轻、后坐力小、结构紧凑、自动化程度高、反应时间快、机动性能好、射速快、杀伤威力大等优点，特别适合于近程防空反导作战使用。著名的航炮有"莫林斯"航炮、M61A1"火神"航炮和 GAU-8A"复仇者"航炮。

M61A1"火神"机载航炮是一种 20 毫米口径加特林转管炮。

多种多样——炮弹

火炮无论外形如何,或者性能如何,最终目标都是把炮弹发射到敌人中间,而能对敌人造成多大的伤害则是由炮弹决定的。从最早的石球、铁球炮弹到硬颗粒炮弹,再到爆炸炮弹,炮弹的杀伤威力不断提高。更有一些特殊的炮弹出现在战场上,发挥着与众不同的作用。

炮弹的种类

火炮使用过的炮弹种类非常多。除了发射直接杀伤敌人的炮弹以外,也发射其他的炮弹,例如窃听炮弹、侦察炮弹、电子目标破坏炮弹、强光致盲炮弹、干扰炮弹、诱饵炮弹和反机动特种炮弹。从第一次世界大战到海湾战争,每次战争参战国都会使用大量的炮弹。据统计,第一次世界大战中,作战双方共消耗炮弹10亿发以上。第二次世界大战,炮弹的消耗量更大,达30亿发以上,被炮弹杀伤的人数占伤亡总数的60%左右。现代炮弹的杀伤力主要来自爆炸的威力,所以现代火炮主要使用爆炸式炮弹。

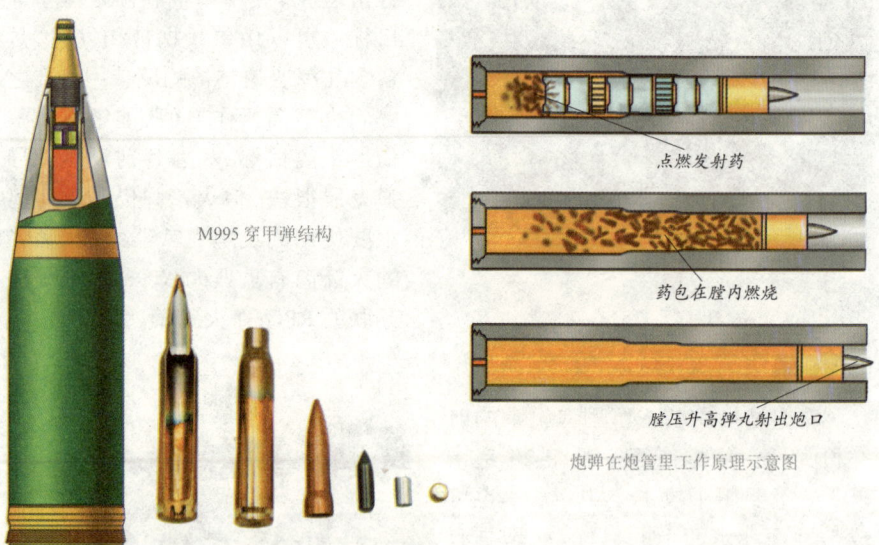

M995 穿甲弹结构

点燃发射药

药包在膛内燃烧

膛压升高弹丸射出炮口

炮弹在炮管里工作原理示意图

炮弹的发射原理

火炮发射的炮弹一般由弹丸和发射装药两部分组成。弹丸是炮弹中起到直接破坏或杀伤作用的部分,有时又叫战斗部,它通常由弹体、引信和炸药等装填物组成。引信是使弹丸在最合适的时机起爆的一种控制装置,它平时处于安全状态,发射后解除保险,遇到目标时引爆战斗部。

榴 弹

榴弹俗称高爆弹,它是利用弹丸爆炸后产生的碎片和冲击波来进行杀伤或爆破的弹种。它是使用时间最长的炮弹,17世纪的时候榴弹就出现了,根据榴弹的结构和"本领"的不同,人们把它分为杀伤弹、爆破弹和杀伤爆破弹三种类型。

英国L16式81毫米迫击炮可发射英国L15A3式榴弹、美国XM821式榴弹。

火箭弹

火箭弹是一种自身配有发动机的炮弹,它利用自身携带的燃料燃烧来产生推力前进。火箭弹的射程一般较远,杀伤范围大,适合攻击集群目标。而且火箭弹也可以密集发射,对大量聚集目标的杀伤能力很强。

GMLRS 火箭弹

俄罗斯"红土地"155毫米精确制导炮弹

制导炮弹

制导炮弹是具有制导系统的炮弹。制导炮弹主要有激光制导炮弹、光纤制导炮弹和导航卫星制导炮弹。制导炮弹的命中概率要比普通炮弹大很多倍,而它的价格也要比普通炮弹大很多,所以制导炮弹只用于攻击重要目标。

现代战场的主力兵器
战车、舰艇和飞机

陆军、海军和空军是现代主要军种。战车是陆军驰骋的双脚，舰艇是海军存在的基础，飞机是空军骄傲的资本。二战后的局部战争证明，陆、海、空联合作战才有赢取现代战争的希望，而先进的兵器可以增大取胜的机会。因此，战车、舰艇和飞机的技术水平是评价一个国家军事现代化程度的主要标准。

轮子上的堡垒——坦克

坦克是在第一次世界大战中出现的一种兵器，它具有强大的防护能力和猛烈的炮火，是现代战场上迅速突击和机动作战的主力兵器，主要用于和对方装甲车辆对抗，也可以摧毁对方各种工事、杀伤人员、压制和消灭反坦克武器。

"轮子上的堡垒"

很早以前，就有人设想了一种可以依靠轮子移动的作战堡垒。一战期间，英国秘密研制了一种武器，并用"Tank"来称呼这种新武器，中文音译为坦克，实际上它的真名是"自行防弹陆地炮舰"。1916年9月15日，坦克出现在法国索姆河畔的战场上，震惊世界。普通的子弹对防护严密的坦克几乎没有作用，火炮也对这不断移动的铁家伙无可奈何。第一次世界大战结束时，仅法国和英国就投入了2 895辆坦克。

"马克"I型坦克是人类历史上第一种投入实战的坦克，它的出现在很大程度上影响了第一次世界大战的胜负。

坦克的分类

在不同的时期，人们对坦克的分类也不一样。20世纪60年代以前，人们习惯将坦克按重量分为重型、中型和轻型坦克。20世纪60年代以后，坦克又被分为战斗坦克和特殊坦克。战斗坦克直接担任各种作战任务，包括超轻型坦克、轻型坦克、中型坦克与重型坦克（合称为主战坦克）、超重型坦克、步兵坦克等；而特种坦克担任各种特殊任务，包括水陆坦克、架桥坦克、指挥坦克、侦察坦克、扫雷坦克、喷火坦克、工程坦克、歼击坦克等。

"挑战者"II型是英国新一代主战坦克，它采用了改进的"乔巴姆"装甲，还加强了顶部装甲防护，体积和重量却没增加多少，而且还有防核生化污染的能力。

主战坦克

主战坦克是战场上执行作战任务的主力，是最早出现的一类坦克，也是人们比较熟悉的一类坦克。在二战中出现的重型坦克拥有较强的装甲和火力，是二战后各国重点研制的坦克。目前世界上最典型的主战坦克有苏联的T-72、T-80，美国的M1A1，德国的"豹"II，英国的"挑战者"，日本的90式和以色列的"梅卡瓦"等。

步兵坦克

步兵坦克是一种轻型坦克,其装甲防护较好,但行驶速度较慢,主要用于协同步兵作战。"马蒂尔达"步兵坦克是英国在20世纪30年代研制和装备的一种步兵坦克,其造价低廉,和步兵协同作战效果不错,很受士兵欢迎。1942年中期之后,"马蒂尔达"Ⅱ型坦克被改装成其他类型坦克。

"马蒂尔达"Ⅱ型坦克几乎参加了英军二战中的所有主要战斗,被誉为二战英军的"常青树"。

T28 超重型坦克

T28超重坦克是美国在二战期间研制的一种重达95吨的坦克,它的防护能力和火力在当时是极其优秀的,但是行进速度并不快。T28的主要武器是T5E1型火炮和105毫米坦克炮,它的坦克炮可以在1 500米外打穿250毫米厚的钢板,设计乘员是8人,自身装甲厚305毫米,辅助武器是一挺5.56毫米口径机关枪。T28有四条履带,不必担心被地雷炸断外部履带而无法前进。

T28超重型坦克是二战期间美军最重型的坦克,厚装甲、强攻击力是其优点,缺点是炮管转动幅度很小,如果没有步兵的保护,很容易被敌人的工兵摧毁。

特种坦克

特种坦克是用于执行特殊任务或装有特殊设备而具有特殊能力的坦克,特种坦克执行的任务通常为侦察、指挥、建筑野战工事、歼击和扫雷,水陆两用坦克也算特种坦克。现役的侦察坦克有美国的M551侦察坦克、英国的"毒蝎"轻型侦察坦克等,扫雷坦克有德国的"野猪"扫雷坦克、美国的 XM1060 遥控扫雷坦克等。二战后出现的喷火坦克有美国的 M4A4 喷火坦克、苏联的 TO-55 式喷火坦克、俄罗斯的 TOS1 喷火坦克等。

TO-55 式喷火坦克全自动喷火,机动灵活,作业量大,火力猛,能以每分钟喷射7次的速度作战,射程达200米,与米格24武装直升机、地雷一起被称为"三位一体的魔鬼"。

攻防兼备——装甲车

装甲车是装有保护装甲的军用车辆总称,它是一类很重要的军用装备,各国都在大力发展。装甲车一般只能防御轻武器的袭击,对于坦克火炮和反装甲武器的防护能力很低,但是随着装甲技术的发展,一些优秀装甲车的防护能力也越来越强了。装甲车有履带式和轮式之分,按功能分为战斗车辆和保障车辆。

步兵战车

步兵战车是供步兵运动作战使用的装甲战斗车,由装甲运输车发展而来。它主要用于协同坦克作战,也可以独立执行战斗任务。步兵战车里的步兵既可乘车战斗,也可以下车战斗,士兵可以看情况灵活选择。当步兵下车作战时,车上的留守人员可以利用车上的武器来支援作战。世界上著名的步兵战车有:美国的M2A3步兵战车、英国"武士"步兵战车、俄罗斯的BMP-3步兵战车。

被称为"冷战之子"的BMP-3步兵战车是俄罗斯研制的新一代履带式步兵战车。

在水中航行的AAV7A1战车

"布雷德利"战车上装有性能先进的红外成像系统,可以全天候探测、分辨、识辨和交战,它对远程目标的识别比M1A1坦克还要好。

装甲侦察车

装甲侦察车上装有各种侦察仪器和设备,可以有效地侦察战场情况。它具有很好的机动性、较强的火力和防护能力,主要作为坦克和机械部队的侦察分队,用于战斗侦察。世界上著名的装甲侦察车有:美国的"布雷德利"骑兵战车、俄罗斯BPM战斗侦察车、南非"大山猫"装甲侦察车等。

装甲运输车

装甲运输车主要用于战场上输送步兵，也可输送物资，必要时还可以用于战斗。装甲运输车可分为履带式和轮式，有的装甲运输车在车体两侧开有射击孔，便于步兵乘员战斗。世界上著名的装甲运输车有：美国M113A3装甲运输车、俄罗斯BTR-90装甲运输车、日本96式装甲运输车等。

美国M113A3装甲运输车

装甲工程车

装甲工程车又称战斗工程车，是支援机械化部队作战并对其进行工兵保障的配套车辆，基本任务是设置或清除障碍、开辟通路、抢修军路、构筑掩体及进行战场抢救；有的还可用于构筑江河岸边进出通路和平整河底，保障战斗车辆渡河。在现代战争中，有了装甲工程车的支援和保障，部队作战效果大大提高，因此装甲工程车是一种不可缺少的车辆。根据不同的战术用途和装甲防护能力，装甲工程车大体可分为重装甲工程车、轻装甲工程车和非装甲工程车3类。现役的装甲工程车有美国M728战斗工程车、以色列"开路先锋"装甲工程车、德国"豹"式装甲工程车等。

M88A1装甲抢救车

装甲架桥车

装甲架桥车是装有架桥设备的装甲车辆，大多为履带式，通常用于在战斗中快速架设简易桥梁，保障坦克和其他车辆能够通过反坦克壕、沟渠等人工或者天然障碍。这一类装甲车的代表有美国的M60AVLB、法国的AMX-30架桥车等。

美国的M60AVLB装甲架桥车

海军的骄傲——军用舰艇

海军是一个古老的兵种,由于技术的限制,古代的战船只能在江河湖泊或近海航行战斗。在火器、近代造船技术和蒸汽机发展起来以后,军用舰艇和潜艇开始具有强大的机动能力和战斗力,成为各国必备的军用装备。

近现代军舰发展

19世纪初船用蒸汽机诞生之后,引起了军用舰艇的革命。1806年,富尔顿设计出世界上第一艘以蒸汽机为动力的军舰"迪莫洛戈斯"号。1849年,法国建造了世界上第一艘以蒸汽机为主动力装置的战列舰"拿破仑"号,为军用舰艇的发展解决了动力问题。到了1884年,英国建造了世界上第一艘用螺旋桨推进的轻型巡洋舰"响尾蛇"号,使军舰能更好地利用蒸汽发动机。在第二次工业革命以后,内燃机又成为军用舰艇的动力来源,使军舰的行驶速度和性能得到了更大的发展。始于20世纪40年代的第三次科技革命,又使一部分大型军舰具备了更强大的动力装置——核反应堆。每一次军舰动力的变革,都是最先进科学技术得到应用的结果。

1915年的巡洋舰编队

现代军舰分类

现代军舰按排水量、火力和用途可以分为:航空母舰、驱逐舰、护卫舰、巡洋舰等。巡洋舰排水量一般在万吨以上,主要用于远洋作战,火力最强。驱逐舰的排水量为4 000～10 000吨,用途比较广,可以全海域、全目标作战,火力较强。护卫舰的排水量为600～4 000吨。一般用来近海作战,也有远洋护卫舰,用于编队反潜、防空等防御性任务,火力次于驱逐舰。航空母舰是作为海上飞机降落和补给的军舰,轻型航母的排水量为1万多吨,大型航母的排水量为7.5万吨,特大型航母的排水量甚至可达10万吨。

"罗斯福"号航母战斗群

"俾斯麦"号战列舰

"俾斯麦"号战列舰是二战前纳粹德国研制的一艘超级战列舰。它装载了厚达300毫米的装甲和20多门大口径火炮,威力十足。在二战中,"俾斯麦"号战列舰先是击沉了"胡德"号,后又重创"威尔士亲王"号,让英国人恼怒万分。气愤的英国人集结了42艘各类舰艇,其中包括航母,在围追打击了4天4夜以后,击沉了"俾斯麦"号战列舰。

"俾斯麦"号与英军的42艘战舰作战

"衣阿华"级战列舰

"衣阿华"级战列舰是二战期间美国建成的吨位最大的一级战列舰,也是世界上最后一级退出现役的战列舰,主要为航空母舰护航和支援两栖作战。它服役45年,参加过多次战争。该级舰共建造了4艘,分别是"衣阿华"号(BB-61)、"新泽西"号(BB-62)、"密苏里"号(BB-63)和"威斯康星"号(BB-64)。

在参加完海湾战争后,"衣阿华"级战列舰在1994年退役,成为世界上最后一级退役的战列舰。

游动的领土——航空母舰

航空母舰是最庞大的军舰,被誉为"流动的国土"。航母一般编队而行,一个航母舰队包括了几乎所有的军用舰艇。在20世纪发生的战争中,航母作为海军的主力,发挥了无与伦比的作用。

航母的来历

1914年,世界上第一艘可供飞机起飞的航空母舰"柏伽索斯"号出现了,在一战中,飞机作为新的兵器走上战场,搭载飞机的航空母舰也得到发展。1915年8月12日,一架从航空母舰上起飞的英国战机在达达尼尔海战中击沉了一艘敌国的运输舰。此后,英国的设计师们开始对航母的结构进行了重大修改,终于建成了"百眼巨人"号航母。"百眼巨人"号已经具备了现代航空母舰所具有的特征和形状。

"百眼巨人"号的诞生,标志着世界海上力量发生了从制海权到制海与制空相结合的一次革命性变化。

二战时期的航母

航母在二战前一直被认为是舰队的辅助力量,它的作战能力没有得到发展。在1940年11月11日,英国海军的20架老式"旗鱼"式双翼鱼雷轰炸机从"光荣"号航母上起飞,击毁了塔兰托港内的3艘意大利战列舰。1941年5月,在击沉德国最大的战列舰"俾斯麦"号的海战中,英军的航母与舰载机也发挥了重要作用。

"旗鱼"轰炸机是1935年服役的老式双翼飞机,最高时速仅224千米,最大载弹量730千克,最大航程800千米。

日军偷袭珍珠港

现代航母

现代航母有常规动力航母和核动力航母，常规动力航母一般排水量较小，属于轻型航母和中型航母，而核动力航母大多是大型航母。目前世界上拥有航母的国家有：美国、俄罗斯、英国、法国、印度、意大利、西班牙、巴西和泰国。其中除了美、法以外，其他国家的航母都是常规动力航母。美国拥有的航母数是世界上最多的，一共有13艘。

"肯尼迪"号"小鹰"级航母是美国建造的最后一艘常规动力航空母舰，该舰也是参加海湾战争时间最长的美国航母，有6个月之多。

"无敌"级航空母舰

"无敌"级航空母舰是英国皇家海军的常规动力航母，现在有3艘。首舰"无敌"号航母长210米，宽36米，吃水6.5米，排水量20 600吨，航速28节，可搭载27架各式飞机。另外两艘"无敌"级航母分别是"卓越"号和"皇家方舟"号。

皇家方舟

"尼米兹"级航空母舰

"尼米兹"级航空母舰是美国装备的一级核动力航母，其首舰是CVN68"尼米兹"号，1975年5月开始服役于大西洋舰队。该舰标准排水量74 042吨，满载排水量91 487吨，由核反应堆提供动力，航速30节以上，更换一次核燃料可连续运行13年，续航力达80万～100万海里，可载各型舰载机90～100架，编制舰员5 930人。"尼米兹"级航空母舰一共有9艘，其余8艘分别是：CVN69"艾森豪威尔"号、CVN70"文森"号、CVN71"罗斯福"号、CVN72"林肯"号、CVN73"华盛顿"号、CVN74"斯坦尼斯"号、CVN75"杜鲁门"号和CVN76"里根"号。其中"林肯"号是第一艘排水量超过10万吨的大型航空母舰。

"尼米兹"级航空母舰

舰队之眼——巡洋舰

巡洋舰是一种远洋巡航的大型舰艇,用于反舰、反潜和攻击水面舰艇,排水量多在 10 000 吨以上。在航母未诞生之前,可以率领舰艇编队进行远洋巡逻和作战;航母诞生后,巡洋舰既可以依赖岸基飞机独立在近海水域作战,也可以作为航母的护卫舰在远洋作战。

巡洋舰的发展

早期的巡洋舰以舰炮为主要战斗兵器,它比战列舰轻快敏捷,能有效协助战列舰作战,因此被英国海军名将纳尔逊称为"舰队之眼"。在二战中巡洋舰成为海战中不可缺少的兵器,在这个时候,巡洋舰分为重巡洋舰和轻巡洋舰。在战列舰被淘汰以后,巡洋舰又成为航母编队重要的组成战舰,在战后发展速度十分惊人。

世界上第一艘核动力巡洋舰"长滩"号

巡洋舰编队

"基洛夫"级巡洋舰

"基洛夫"级巡洋舰是苏联研制的一级大型核动力巡洋舰,首舰"基洛夫"号于1980年5月开始服役。"基洛夫"号满载排水量约28 000吨,舰员编制900人。其武器系统包括12管RBU-6 000火箭式深弹发射装置,多种导弹发射架,4座6管30毫米炮,以及2座100毫米单管全自动炮,在中部和尾部还有辅助性的武器设备。

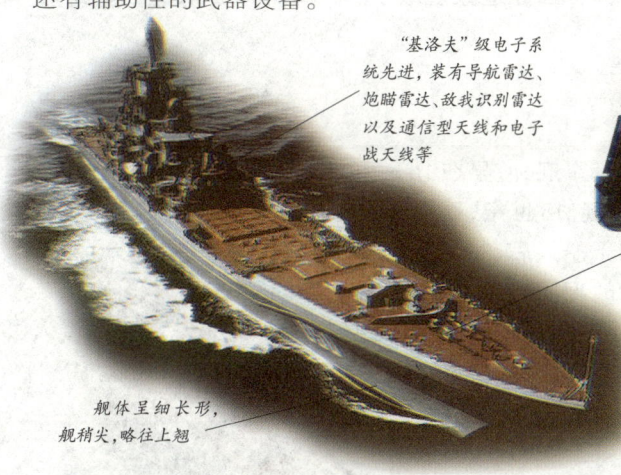

"基洛夫"级电子系统先进,装有导航雷达、炮瞄雷达、敌我识别雷达以及通信型天线和电子战天线等。

双联装SA-N-4舰空导弹发射装置

舰体呈细长形,舰稍尖,略往上翘。

"基洛夫"号巡洋舰一反过去苏联水面舰艇甲板拥挤、装备多等特点。它的上甲板相当宽广,几乎见不到昂扬的大炮和导弹发射架。它具有对海、对空、对潜、对岸的全面作战能力,所携带的导弹可以迅速击沉航母。

"提康德罗加"级导弹巡洋舰

"提康德罗加"级导弹巡洋舰是美国海军主要海战武器之一,该级导弹巡洋舰一共有27艘,首舰就是"提康德罗加"号,于1980年1月动工兴建,1981年4月下水,1983年1月正式服役,该级舰前五艘使用2座MK-26-5型双联导弹发射装置。从第六艘"邦克山"号起,该级舰全部装备先进的MK-41型导弹垂直发射系统,该系统可使"宙斯盾"的威力得到充分发挥,两者的有机结合,便构成了一道令人生畏的"空中盾牌"。

"提康德罗加"级导弹巡洋舰

海上警卫——护卫舰

护卫舰是以导弹、火炮和反潜鱼雷等为主要武器的轻型水面战斗舰艇，其主要任务是为舰艇编队担负反潜、护航、近海巡逻、警戒、侦察及登陆支援作战等任务，是世界各国建造数量最多、分布最广、参战次数最多的一种中型水面舰艇。

护卫舰历史

护卫舰是一个传统的海军舰种，早在16～17世纪，人们就把三桅武装帆船称为护卫舰。18世纪，欧洲和北美出现了各种护卫舰。在蒸汽动力用于船只后，护卫舰的排水量增加了，航速也提高很多。二战期间，德国的潜艇对盟国的海运造成很大威胁，而护卫舰成为对付潜艇的主力。二战后，护卫舰也发生了变革，现代的导弹护卫舰主要武器是导弹、鱼雷、火炮等。护卫舰一般配载反潜直升机，满载排水量上限为4 000吨，而英国的"大力"级护卫舰中有几艘战舰的排水量甚至达到4 900吨，续航力最远可达13 500千米，具备一定远洋作战能力。

"不惧"级是世界上首批隐形护卫舰之一，是苏联海军研制的新一代护卫舰。

"佩里"级护卫舰

"佩里"级护卫舰是美国海军的导弹护卫舰，可承担防空、反潜、护航和打击水面目标等任务。该级护卫舰首舰"奥利弗·佩里"于1977年12月建成服役，该舰标准排水量2 750吨，满载排水量3 640吨，续航力8 100千米，武器包括导弹、舰炮、对空炮、鱼雷和反潜直升机，同时配载有雷达、声呐、通信、电子对抗、作战指挥自动化系统等电子设备，具有较强的搜索、攻击飞机、舰艇或反舰导弹的作战能力。

"佩里"级护卫舰

"公爵"级护卫舰

英国"公爵"级护卫舰首舰于1990年6月服役,计划建造23艘,其主要使命是搜潜和攻潜。该舰满载排水量为4 200吨,最大行驶速度28节,舰上装载的武器有:侦察机、反潜直升机、2座四联装"鱼叉"反舰导弹发射架、发射"海狼"舰空导弹的垂直发射装置,舰前端为一门114毫米"维克斯"火炮和反潜鱼雷。"公爵"级护卫舰采用了隐身设计,在表面涂有吸收雷达波的材料,可以有效地减少雷达反射面积,达到在雷达视野中隐身的目的。

2座四联装的"鱼叉"反舰导弹发射装置

该舰粗短的舰身更适合大西洋的恶劣海况

"拉斐特"级护卫舰 的控制中心

"拉斐特"级护卫舰

法国的"拉斐特"级护卫舰在外形、红外线、水声等多个方面都采用了隐身设计,共有6艘。"拉斐特"级护卫舰首舰"拉斐特"号于1995年7月开始服役,其满载排水量为3 600吨,舰上装有舰对舰导弹发射装置、舰对空导弹发射装置。在后3艘"拉斐特"级护卫舰上,舰对空导弹被替换为防空能力更好的对空导弹,装载多门舰炮和防空机关枪,并能搭载多种舰载直升机。

法国"拉斐特"级多用途隐身护卫舰采用模块化设计,综合使用了多种隐身技术,是将隐身性能与造型艺术结合得非常完美的典范。法国海军计划共建6艘,首舰"拉斐特"号于1995年7月正式服役。

DCN型100毫米舰炮

海上火炮——驱逐舰

驱逐舰是现代海军中装备数量最多、用途最广泛的舰艇,它具备对空、对海、对潜多种作战能力,可以执行防空、反潜、反舰、对地攻击、护航、侦察、巡逻、警戒、布雷和火力支援等作战任务,有"海战多面手"之称。

现代驱逐舰

在19世纪末期,一种以驱赶鱼雷艇为主要作战任务的"鱼雷艇驱逐舰"诞生了,这是现代驱逐舰的起源。一战中,驱逐舰初步显示出来威力,并于战后得到快速发展,到二战末,驱逐舰的排水量和武器装备都达到了很高的水平,成为各国海军十分重要的水上作战舰艇。二战后,驱逐舰经过现代高技术的武装,出现了导弹驱逐舰和核动力驱逐舰。1953年,美国制造出第一艘导弹驱逐舰"米切尔"号,装备"鞑靼人"防空导弹。1962年,美国制造了世界上第一艘核动力驱逐舰"班布里奇"号。

第一艘导弹驱逐舰"米切尔"号

"阿里·伯克"级驱逐舰

"阿里·伯克"级驱逐舰(DDG-51)是美国最新研制的一级"宙斯盾"导弹驱逐舰。该级舰计划建造57艘,首舰"阿里·伯克"号于1991年下水,是第一艘装备"宙斯盾"系统并采用隐身设计的驱逐舰,服役于大西洋舰队第2驱逐舰中队,母港是诺福克。

该级驱逐舰上都装有1部"宙斯盾"相控阵雷达,1部对海搜索雷达,3部火控雷达,1部战术导航雷达,2座导弹垂直发射装置,2座四联装反舰导弹发射装置,1座火炮,2座六管20毫米火炮,2座三联装鱼雷发射装置,2架反潜直升机等。

MK-45型127毫米单管舰炮

"现代"级驱逐舰

"现代"级驱逐舰是前苏联在20世纪80年代初开始建造的一级驱逐舰,首舰"现代"号于1982年8月开始服役。"现代"级的主要武器有3M80"蚊子"反舰导弹,3K90"飓风"防空导弹,AK-630火炮,AK-130火炮,联装鱼雷发射管,六管火箭深水炸弹发射器及诱饵发射器和电子战系统,此外还有1架直升机。该舰标准排水量6 500吨,满载排水量7 300吨,航速32节,续航力4 320~11 700千米,自持力32天,编制舰员398名,其中军官25人。同时该舰还具有隐身设计,可以缩短被敌人探测到的距离。

该舰舰体采用高强度钢建成,上层建筑全部用耐腐蚀的铝合金建成,既不易遭海水侵蚀,也不易中弹起火。

"斯普鲁恩斯"级导弹驱逐舰

"斯普鲁恩斯"级导弹驱逐舰是美国20世纪70年代至80年代初陆续建成的一代大型驱逐舰,共建31艘,一度曾是美国海军中的主力驱逐舰。该级舰为长首楼型,首部具有很大的前倾度,两舷明显外飘。它是美国海军首次采用模块化技术建造的军舰,具有建造速度快、质量好、费用低等优点,极大地方便了以后的改装工作。

"斯普鲁恩斯"级舰可分为反潜型、防空型和现代型,各型战舰上的武器装备按照作战任务而定。

水下蛟龙——潜艇

潜艇是现代海军最重要的突击兵器，具有隐蔽性好、突击能力强和续航自给力大等特点。潜艇部队既能单独作战，也可与其他舰艇协同作战。它使用鱼雷、水雷、水下导弹等武器袭击敌人，主要袭击敌方大、中型运输船只和作战船只，打击敌人海上交通线，保护己方海上交通线，摧毁敌人港口等陆上目标。

早期探索

在北美独立战争时期，埃兹拉·李驾驶着"海龟"潜艇潜到英国战舰"鹰"号的尾部，然后用钻头在敌舰上穿孔，以便固定炸药包，但是他打钻的地方正好是一块金属板，半个小时后仍然没有钻透敌舰，只好上浮返回。"海龟"艇虽然没有完成任务，但是却证明了潜艇是可以进行海战的。美国南北战争时期，南方的"亨莱"号潜艇将北方的"休斯顿"号巡洋舰击沉，"亨莱"号也随之沉没。随着电力革命的开始，潜艇也发生了很大变化，柴油机取代了蒸汽机，使潜艇的航速提高了很多，潜艇的结构也变得更合理了。

"海龟"潜艇

一战岁月

一战前，多个国家建造了大量的潜艇，这些潜艇在后来的第一次世界大战中发挥了重要作用。1914年9月23日，德国海军U9号潜艇连续击沉英国万吨级巡洋舰，使潜艇受到重视。在第一次世界大战期间，各国潜艇共击沉商船5 000余艘，其中大部分是德国潜艇击沉的。

二战峥嵘

第二次世界大战爆发时，美国、苏联、英国、法国、意大利、日本和德国都组建了庞大的潜艇部队，这些潜艇无论作战性能还是装置都有很大的进步。在1942~1943年间，德国的U艇在广袤的大西洋上肆无忌惮地猎杀盟军的各种船只，让盟军吃尽了苦头，仅在1942年前几个月就有500多艘美国船只被击沉，总吨数达300万吨，有的船甚至刚刚离开纽约港就被袭击，岸上的人只能眼睁睁地看着船下沉。

U995潜艇是二战参战潜艇中唯一完整保存到今天的U艇。

交通军事百科

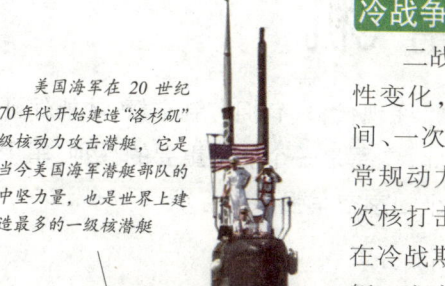

美国海军在20世纪70年代开始建造"洛杉矶"级核动力攻击潜艇,它是当今美国海军潜艇部队的中坚力量,也是世界上建造最多的一级核潜艇

冷战争霸

二战后,核动力的使用让潜艇发生了革命性变化,核潜艇的排水量、下潜深度、潜行时间、一次航行距离、航行速度和攻击能力都是常规动力潜艇无法相比的,而且核潜艇是"二次核打击"任务的主要承担者。正因为如此,在冷战期间,美、苏双方都生产了几百艘核潜艇,成为对方深感恐惧的杀手锏。现在美国的核潜艇已经发展了四代,威力更是巨大。

"海狼"级攻击核潜艇

"海狼"级攻击核潜艇是美国于20世纪80年代开始研制的一种多用途攻击核潜艇,首舰"海狼"号于1997年7月19日服役。该级核潜艇可执行反潜、反舰、对陆、布雷、护航等多种任务,被世人誉为"21世纪的核潜艇"。"海狼"级核潜艇的平均造价高达28亿美元,让财大气粗的美国也无法承受,建造3艘后就停止了继续建造的计划。其他两艘"海狼"级攻击核潜艇是"康涅狄格"号和"吉米·卡特"号,分别于1998年和2005年服役。"海狼"级核潜艇水下排水量为9142吨,最大下潜深度为610米,同时还降低了噪声,减少了被探测到的概率。

与"洛杉矶"级潜艇相比,"海狼"级潜艇的长宽比例下降到7.7∶1,大大提高了航速和机动性。此图为美国海军"海狼"级核动力攻击潜艇的第三艘。

翱翔的战鹰——军用飞机

军用飞机是空军作战的主要兵器。在现代，只有拥有制空权，才能保证主力部队和补给线的安全，因此，空军是一个非常重要的兵种，军用飞机的生产和发展水平也是衡量一个国家空军强弱的标准。

战鹰初现

1903年，莱特兄弟制造出人类历史上第一架飞机，实现了利用动力飞行的梦想。在这以前，热气球就被用于军事侦察，偶尔也用于突袭，新出现的飞机使人们能更快地从空中侦察或者袭击对方。第一次世界大战期间，双方都用飞机侦察过对方的兵力布置，而在一战末，英国使用了飞机投掷炸弹攻击德军。

一战中英国使用的飞机

早期的侦察机

二战扬威

F6F是二战中美国海军的标准舰载战斗机，可与日本飞机在低空玩"猫捉老鼠"的死亡游戏，成功地压制住敌机，取得空中优势。在二战众多战斗机中，F6F创造了一项不可能超过的记录：在不到两年的时间内，F6F共击落5 155架敌机，占美国海军和海军陆战队飞行员击落敌机的80%！

F6F可与日本飞机在低空玩"猫捉老鼠"的死亡游戏，是日本飞机的克星。

战后发展

二战后，战机以其巨大的威力被各国重点发展，发展最快的就是在二战末期出现的喷气式飞机。现代高科技的发展也使空军的战术发生了很大变化，随着导弹和各种电子侦察设备应用到飞机上，近距离格斗战术也逐渐让位于"超视距打击"战术。随着科技的发展，现代的战斗机除了威力更大、速度更快以外，还具备了一定的隐身能力，战机的生存能力也有了很大变化。

Me-163 是德国梅塞施密特飞机公司研制并于二战末期使用的一种外形奇特、集三个"世界第一"于一身的喷气式战机。

C-130"大力神"(Hercules)中型涡桨战术运输机是美国最成功、最长寿和生产最多的现役运输机。

军用飞机分类

现代军用飞机包括战斗机、侦察机、预警机、轰炸机、直升机、运输机等。二战后，作为主力战机的喷气式战斗机发展了四代。第一代战斗机飞行速度低，电子设备简单；第二代战斗机的速度突破了音速；第三代战斗机有高机动性能；第四代战斗机的主要特征是突出的隐身性能、超音速巡航能力、超视距作战能力和适合多种战术用途的能力。

飞机的噩梦

各种飞鸟是飞机的噩梦。自从飞机诞生以来，飞鸟撞击飞机事故时有发生，尤其是在飞机的速度提高以后，被空中飞行的鸟击落的飞机更多了。1981年3月2日，一架载有埃及多位高级将领的直升机在起飞20多秒后坠毁，13位将军级军官在这次事故中丧生，而造成这次悲剧的罪魁祸首则是一只被吸进直升机发动机进气道的小鸟。一只鸟能造成13名将军同时遇难，这在世界航空史上也是绝无仅有的。

各种会飞行的鸟类是飞机的噩梦。上图为被小鸟撞击坠毁的飞机残骸。

天空霸王——战斗机

战斗机的机动性好、速度快、空中战斗能力强,其任务是与敌人战斗机进行空战,夺取制空权,拦截敌方轰炸机、攻击机和巡航导弹。二战以前,战斗机多为单翼全金属结构,飞行速度较快。二战后喷气式战斗机得到了很大发展,成为主要的战斗机。

苏-27"侧卫"战斗机

苏-27"侧卫"战斗机由苏联苏霍伊设计局研制,是一种优秀的第三代喷气式战斗机。苏-27战斗机具有很好的机动性,是世界上第一种可以进行"眼镜蛇机动"的战斗机。苏-27"侧卫"战斗机翼展有14.7米,机长21.93米,空机重16吨,最高飞行速度2 420千米/小时。苏-27上携带的武器有1门30毫米航炮,最多可携带10枚空空导弹。

苏-27"侧卫"战斗机

F-16"战隼"战斗机

F-16"战隼"战斗机是美国通用公司研制的低成本、单座轻型战斗机,于1979年1月投入现役。几经改进,前后出现了多达11种机型,有些机型的最大起飞重量已近20吨,其中F-16C/D是主要使用的机型。F-16也是第一种采用腹部进气的飞机,这样可以使飞机在大仰角飞行或侧滑时更安全。1981年6月7日,以色列的8架F-16战斗机在6架F-15的掩护下偷袭伊拉克的核能反应堆,在2分钟内,F-16投下了16吨的炸药,将原子堆彻底摧毁,随后安全返航。

F-117"夜鹰"战斗轰炸机

F-117"夜鹰"战斗轰炸机是美国洛克希德·马丁公司研制的一种性能先进的战斗机,也是世界上第一种隐身战斗机,空重为23 625千克,最高可升至25千米。它的隐身能力可以帮助它躲过雷达探测,轻松突破敌方火力网,直接打击敌方防空系统,摧毁敌人指挥部、工业目标、战略要地等,也可用于侦察。但为了增强隐身性能,F-117牺牲了速度和空战能力,它的最高速度还没有超过音速,因此一旦被发现,就很难逃脱被击落的命运。在1999年北约空袭南联盟的时候,一架暴露了行踪的F-117"夜鹰"战机就被击落。

F-117"夜鹰"战斗轰炸机

美国X-45A无人战斗机

未来的战斗机

未来的战斗机将采用先进的技术,在隐身、机动速度、超视距和全天候作战、火力等方面都将有很大发展,并能和陆军、海军配合得更加密切,更有效完成任务。

F-22"猛禽"战斗机

F-22是目前唯一服役的第四代战斗机,由美国洛克希德·马丁公司与波音公司联合研制,该战机空重13 636千克,最大飞行速度2 335千米/小时,作战半径1 500千米。在2002年,美国空军将F-22改名为F/A-22,使该机成为制空和对地攻击的多用途战斗机。该机采用武器内装式,因此机身下面没有武器挂架,全身涂上了灰色的能吸收雷达波的涂料,增加了飞机的隐身性能。F-22战机可以在500米的跑道上起飞,具有很强的机动能力,而现在只有F-22可以以超音速巡航30分钟,这样不仅有利于高速突防,也大大提高了发射导弹的初始速度。F-22上携带的武器有"响尾蛇"和AIM-120等先进空空导弹,1门六管"火神"航炮。美国空军相信F-22可以在21世纪进行超视距作战。

为了追求隐身性,F-22战斗机采用了许多办法,它的机翼上应用了锯齿状的外形,大量应用复合材料。而最主要的是,F-22战斗机将导弹转移到了机身腹部可以收缩的内部弹舱中,这种设计大大减少了雷达波的反射。

死亡乌云——轰炸机

轰炸机是以攻击敌方陆地或者水面目标为主要任务的军用飞机,分为战略轰炸机和战术轰炸机。战略轰炸机是可以对敌人的战略目标造成毁灭性打击的军用飞机,可以携带核武器轰炸对方。战术轰炸机主要攻击对方的部队和军事工事、设备等,现在一些战斗机也可以执行战术轰炸机的任务。

B-52 战略轰炸机

B-52战略轰炸机

B-52是美国研制的一种重型亚音速战略轰炸机,被誉为"同温层堡垒",从20世纪50年代末开始服役,目前在役的只有B-52H,经过多次改进和升级,可以服役到2030年。经过改装后,B-52H轰炸机的最大速度为1 010千米/小时,巡航速度800～896千米/小时,实用升限16 770米,最大油量航程16 090千米。在海湾战争中,B-52共投下2.57万吨炸弹,对伊军造成很大震撼,大大削弱了伊军的士气,而这些B-52是从美国本土起飞,经过两次空中加油和上万千米距离的飞行才到达伊拉克的。

B-1B"枪骑兵"可变后掠翼战略轰炸机

B-1B"枪骑兵"可变后掠翼战略轰炸机是由洛克威尔公司研制、波音公司进行开发的新一代战略轰炸机,作为B-52的"继承人",B-1B的本领要比它的前辈高出一大截。它的机身和机翼被作为一个整体来设计,过渡平滑,无明显交接线,这不仅减少了空气阻力,而且也减弱了对电磁波的反射,再加上它的外表涂有能吸收雷达波的特殊涂层,使它具有很强的隐身性能。1998年12月18日,在美英对伊拉克实施第二轮军事打击中,B-1B首次用于实战。

B-1B"枪骑兵"可变后掠翼战略轰炸机

图-160"海盗旗"战略轰炸机

图-160"海盗旗"战略轰炸机是苏联最后一代、俄罗斯第一代远程战略轰炸机。该机采用变后掠翼布局，作战方式为高空亚音速巡航、低空高速或者高空超音速突防。图-160 空重 118 000 千克，最大燃油载量为 171 000 千克，最大载弹量 40 000 千克，可装载各种核弹和炸弹，最大平飞速度 2 000 千米/小时，实用升限 15 000 米，一次航程 12 300 千米，作战半径 2 000 千米。

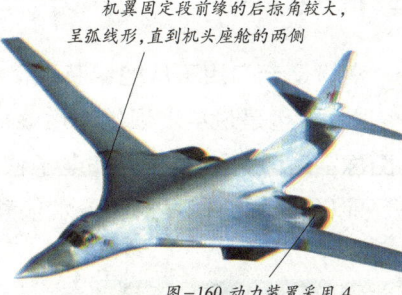

机翼固定段前缘的后掠角较大，呈弧线形，直到机头座舱的两侧

图-160 动力装置采用 4 台 NK-321 涡扇发动机，单台最大推力 137.3 千牛，加力推力 226.5 千牛。

B-2"幽灵"轰炸机

B-2"幽灵"轰炸机是目前世界上最先进的战略轰炸机，它不仅装有各种先进设备，而且具有很强的隐身性能。现在服役的是 B-2A 隐身轰炸机，其一次作战航程（即不要空中加油的航程）达 12 000 千米，空中加油可以达到 18 000 千米，每次空中飞行的时间不少于 10 小时，具有"全球到达"和"全球摧毁"能力。为了保证 B-2 具有良好的隐身能力，不得不牺牲一些其他性能，比如没有装垂直尾翼会使飞机难以控制。而一架 B-2 的价格高达 10 亿美元，怪不得有专家认为 B-2 是性价比最低的武器。

B-2"幽灵"轰炸机是目前世界上最先进的战略轰炸机

幻影 IV 战略轰炸机

法国幻影 IV 战略轰炸机可能是现代世界上最小巧的现代战略轰炸机，它长度不到 24 米，载弹量也很小，主要用于携带核弹或核巡航导弹高速突破防守，攻击敌战略目标。

幻影 IV 战略轰炸机

空中间谍——侦察机

侦察机是专门用于从空中获取情报的军用飞机,是现代主要侦察兵器之一,也是最早出现的军用飞机。侦察机上的主要设备有航空照相机、图像雷达、摄像仪、红外和电子侦察设备等。按照侦察任务的不同,侦察机可以分为战略侦察机和战术侦察机。

间谍幽灵——U-2侦察机

U-2侦察机是美国在20世纪50年代研制成功的一种远程高空侦察机,被称为"间谍幽灵",是当时世界上最先进的侦察机。该飞机全身被涂黑,最大巡航高度达27 430米以上。1962年,U-2侦察机侦察到苏联在古巴建设导弹基地,并将准确的情报带了回去,引发了1962年的"古巴导弹危机",差一点引发美苏之间核战争。

U-2驾驶员座舱

该机只要飞行12次,其广阔的拍摄范围和极高的拍摄速度,足可以拍摄到全美国各个角落

由于卫星技术的发展,U-2飞机已难有用武之地,大部分已被转到美国太空总署,从事民用方面的研究。

"黑鸟"SR-71侦察机

"黑鸟"SR-71侦察机是美国高空侦察机。它外形奇特,全身黑色,有两个几乎与机身合为一体的三角形翅膀,翅膀中间嵌着两台大功率发动机。SR-71是用来代替U-2侦察机的,它的最快速度达到3倍音速以上,空空导弹最快速度才只有2~3倍音速,除非"黑鸟"没有防备,否则很难被导弹击落。

SR-71驾驶员座舱

一架"黑鸟"升空活动1次,至少需要3架KC-135型加油机给它提供空中加油,连同其他费用,"黑鸟"出去活动一次至少耗资1 800万美元。

RC-135"铆钉"侦察机

RC-135是美国空军的战略电子侦察机,被美军视为21世纪最重要的三大侦察工具之一。RC-135侦察机上装有各种雷达、通信和照相侦察设备,它的红外探测器和前视雷达探测距离达238~370千米,可以在360千米的范围内分辨出3.7米长的物体,还可以在远离目标的地方实施侦察。RC-135侦察机具有多款改进型,其中RC-135S是侦察弹道导弹的主要机型,是美国战区导弹防御系统的重要组成部分。

RC-135"铆钉"侦察机

RQ-4A"全球鹰"无人侦察机

RQ-4A"全球鹰"无人侦察机是目前世界上最先进的无人侦察机,它利用全球卫星定位系统和惯性系统引导飞行,可以自动完成从起飞到着陆的整个飞行过程。"全球鹰"无人侦察机上装有各种先进的电子设备,甚至可以识别用树枝伪装的坦克,如果有需要,它可以逗留在某个目标上空42小时,进行连续不断地监测。

RQ-4A"全球鹰"无人侦察机

"渡鸦"无人隐形侦察机

"渡鸦"由英国BAE系统公司研制,是英国第一架无人隐形侦察机。它没有尾翼,随着飞行速度的改变,机翼也可以发生改变,性能比"全球鹰"更好,而且可以改装成攻击机。

"渡鸦"无人隐形侦察机

惩罚者——攻击机

攻击机是一种专门攻击地面目标的作战飞机,在机腹有一层厚厚的装甲,用来抵挡地面的炮火袭击。在一战的时候,德国研制出一种带有装甲的飞机,取名"容克",用来攻击英法军队,这是最早的攻击机。

苏-25"蛙足"攻击机

苏-25"蛙足"攻击机由苏联苏霍伊设计局研制。该机于1968年开始研制,1978年投入批量生产,1984年正式定型的苏-25B装备部队,形成全面作战能力。B型在光学和激光观瞄装置的基础上加装了红外观瞄装置,具备了夜间作战的能力。机上武器有:1门30毫米双管机炮,可以携带4 400千克各种导弹或炸弹等对地攻击武器,最大战斗速度690千米/小时。

苏-25单座近距支援飞机

A-10"雷电"攻击机

A-10"雷电"攻击机是美国研制的亚音速支援攻击机,主要用于攻击坦克群和战场上的活动目标及重要火力点。A-10的驾驶舱周围有一圈3.8厘米厚的防弹装甲,机身腹部有5厘米厚的钛合金装甲,可以抵御23毫米口径以下的地面火力攻击。A-10全身有11个挂架,可挂炸弹、火箭弹、导弹等。它的机头下方装有130毫米的七管速射机炮,每分钟可发射400发穿甲弹,对装甲车辆伤害特别大。A-10"雷电"攻击机的最大载弹重量7 250千克,战斗速度713千米/小时,巡航速度623千米/小时,作战半径为1 000千米。

美国A-10"雷电"攻击机

"超军旗"攻击机

"超军旗"攻击机是法国于20世纪70年代研制的一种舰载攻击机,于1978年交付法国海军使用。"超军旗"装备了多种威力强大的武器,包括两门30毫米"德发"机炮,每门备弹125发,机身下挂架1个,可带250千克炸弹,翼下挂架4个,每个可挂250千克或400千克炸弹,2枚马特拉公司的"魔术"空空导弹,或4个火箭发射巢(每个装18枚68毫米火箭弹)。两个内侧翼下挂架可带1枚"飞鱼"式反舰导弹。

在英阿马岛战争中,阿根廷空军的"超军旗"用"飞鱼"反舰导弹一举击沉英国现代化的驱逐舰"谢菲尔德号"后,"超军旗"战机更是名噪一时。

典型的武器外挂包括4枚 AIM-9L "响尾蛇"、"魔术"或 AGM-65E "幼畜"导弹;多达16颗的226.75千克普通炸弹;12束集束炸弹;10颗"宝石路"激光导引炸弹;8颗燃烧弹;10个火箭发射吊舱;6个箔条或红外曳光弹吊舱。机身下中心线挂架可带 AN/ALQ-164 防御性电子干扰吊舱。

AV-8B 垂直起降攻击机

AV-8B 垂直起降攻击机是美国与英国联合研制的一种攻击机,它是在英国"鹞"式垂直起降战斗机的基础上发展来的,1983年开始服役。AV-8B 的机载设备有超高频/甚高频通信电台、全天候着陆接收机等各类先进雷达和电子设备。由于 AV-8B 垂直起降攻击机的作战性能比早期的"鹞"式垂直起降战斗机要好,研制出来后不久就返销英国。

在阿诺·施瓦辛格主演的电影《真实的谎言》里,AV-8B 垂直起降攻击机作为阿诺最后的座驾,出尽了风头。

空中百灵鸟——武装直升机

武装直升机是装有武器、为执行作战任务而研制的直升机。20世纪60年代，美国研制出第一种武装直升机AH-IG。目前，武装直升机可分为专用型和多用型两大类。武装直升机飞行速度较快，反应灵活，机动性好，能贴地飞行，隐蔽性好，生存力强，机载武器的杀伤威力大，因此得到人们的重视。

AH-64"阿帕奇"武装直升机

AH-64"阿帕奇"武装直升机是美国陆军航空兵的主力装备。该武装直升机结构设计很有特色，从而保证它具有比较好的基本性能和生存能力，它的旋翼桨叶也能够经受住12.7毫米口径航炮攻击。在AH-64D上还装有长弓毫米搜索波雷达，因此该型机被称为"长弓阿帕奇"。装载武器有："地狱火"反装甲导弹、"响尾蛇"空空导弹、30毫米链式机关炮等。此外还装备了各种电子设备和夜视系统。在海湾战争中，8架AH-64武装直升机超低空飞行，到达伊军雷达阵地，发射了反辐射导弹，很快这两个雷达阵地就被摧毁，为盟军顺利执行轰炸铺平了道路。同时，AH-64还担负起反坦克、攻击前沿阵地和机场、运输、救护、护航等多种任务。

RAH-66"科曼奇"

RAH-66"科曼奇"是波音公司为美军研制的攻击侦察直升机，它采用了全面隐身设计，每侧可挂3枚"海尔法"导弹、"陶"式导弹或6枚"毒刺"导弹，也可挂一具19管81毫米口径火箭发射器；机头下方有一门3管20毫米口径转管航炮，射速为750发/分（对地攻击时）或者1 500发/分（对空），不使用时，航炮可向后回转180°，收入前机身一个小舱室内；炮的瞄准与头盔瞄准具交联。机上装的毫米波雷达和夜视设备也提高了RAH-66在夜间和恶劣天气下的作战能力。

为了隐身，"科曼奇"的雷达天线做成了小小蘑菇状，以最大限度地减小反射。

机首部分的航炮对低空射击每分钟能发射1 500发子弹，对地面射击每分钟能发射750发子弹，如同密布的弹雨。

"虎"式武装直升机

"虎"式武装直升机由法、德联合组建的欧洲直升机公司研制,分为两个主要型别:火力支援型和反坦克型。装备法国陆军的火力支援型"虎"式武装直升机的武器有:机头下装一门30毫米口径自动航炮,可带150～450发炮弹;短翼下外挂4枚"西北风"近距空空红外制导导弹,两个22管68毫米直径火箭发射器。也可采用两个13管火箭发射器代替"西北风"导弹。该机驾驶舱上方安装有顶篷瞄准具,内装电视及红外瞄准具激光测距仪。

"虎"式武装直升机

米-28 武装直升机

米-28武装直升机是苏联米里设计局研制的单旋翼带尾桨全天候专用武装直升机,从1980年开始设计,到1992年俄罗斯军队开始少量装备。米-28使用了大量先进技术来增加飞机对炮弹袭击的抵抗能力。执行反直升机任务时,可带8枚空对空导弹,还有80毫米和130毫米火箭弹供选择;尾部装有红外照相弹和箔条弹,机上还装有火控雷达、前视红外系统、光学瞄准系统和多普勒导航系统。

由于米-28N直升机只执行作战任务,这使它具有重量轻、全天候作战等优点,目前在世界上处于领先地位。

电子克星——预警机和电子战飞机

预警机集指挥、控制、通信和情报于一体,是空军中很重要的一种军用飞机。电子战飞机可以对敌方的所有无线信号进行压制,使敌无线通讯设备失灵,进而难以指挥;亦可使敌方雷达一片雪花,变成"睁眼瞎",它主要用于执行掩护空军编队突防、破坏或歼灭敌防空体系等任务。

E-2"鹰眼"预警机

E-2"鹰眼"预警机是格鲁门公司为美国海军舰队设计的空中预警飞机,担任空中预警和指挥任务。E-2预警机背上有一个直径达8米的圆盘状旋转雷达罩。E-2"鹰眼"预警机中的E-2A于1965年正式服役,共生产62架,其中51架改进为E-2B。现在使用的大多是E-2C预警机,它适合在宽阔的地方使用,而且在空中也不能呆太久。

E-2"鹰眼"预警机

E-3"望楼"预警机

E-3"望楼"预警机是当今世界最先进的空中预警机,它能在各种地形的上空执行预警任务。E-3的雷达监视范围达50万平方千米,比美国第二大州加利福尼亚州的总面积还要大很多。它身上装的雷达每10秒钟就能把它监视的范围扫描一遍,可以同时发现、跟踪600个目标。一架E-3预警机可抵得上2~3个雷达团的作战能力。

E-3"望楼"预警机

EA-6B"徘徊者"

EA-6B"徘徊者"电子战飞机

EA-6B"徘徊者"电子战飞机具有电子干扰和发射高速反辐射导弹的能力,是唯一能同时在陆地和航母上使用的专用电子战飞机,它的电磁频谱监视能力和主动阻止敌人利用雷达和通信的能力是世界上任何空中平台无可比拟的。EA-6B于1971年1月开始交付部队使用,几经改进,其上装载的电子设备总是领先于同时代其他战机。

"徘徊者"执行任务的区域几乎覆盖所有危险地区,包括生化武器。

EA-18 电子战飞机

EA-18 电子战飞机改装自F/A-18F战斗机,设计灵活,能够使飞行员执行各种战术任务,既可以从航空母舰甲板起降,也可以从陆地机场起降。EA-18 具有全频段电子监视的能力,能够对敌对方雷达和通信网络进行电子攻击。

EA-18 电子战飞机

重要作用

随着信息时代的到来,信息战已成为未来战争的主要形态。能否夺取信息权将直接决定战争的胜败。因此,在未来的信息化战争中,电子战飞机在战争舞台上仍将扮演主要角色。

大规模杀伤性武器
核生化武器

核生化武器包括核武器、化学武器和生物武器，其杀伤能力达到了人类制造武器的极限。化学武器不仅能够杀伤对方人员，而且可以使对方产生极大的恐慌。生物武器威力巨大，成本便宜，被称为"穷国的原子弹"。

愤怒的上帝——核武器

核武器是有史以来威力最强大的武器，一枚几千克重的核弹可以在瞬间摧毁一座城市。按释放能量方式可以将核武器分为裂变核弹和聚变核弹。

世界第一次水下原子弹爆炸实验产生的蘑菇云，在蘑菇云旁边还有几艘军舰。

"曼哈顿工程"

二战初期，以爱因斯坦为首的一批流亡美国的科学家建议美国政府要赶在纳粹德国前面研制出原子弹。经过近两年的论证，在1941年12月6日，以研制原子弹为目的的"曼哈顿工程"开始了。在随后3年多时间里，多达十万人参与了"曼哈顿工程"，耗资达20亿美元。1945年7月16日，人类第一颗原子弹在美国新墨西哥州阿拉莫戈多沙漠中爆炸成功，标志着"曼哈顿工程"的成功。

原子弹发展和实战应用

20世纪30年代，科学家发现铀原子在被中子轰击分裂时会释放出巨大的能量，同时又产生2～3个中子，再去轰击别的铀原子，这样的反应会一直持续下去，没有人知道这样的链式反应会对人类社会有什么影响，连那些支持制造原子弹的科学家也无法想象原子弹的威力。直到原子弹用于实战，人们才意识到自己打开了潘多拉的盒子。

1945年8月9日，一架B-29将一枚名叫"小男孩"的原子弹投掷到日本的广岛市，瞬间摧毁了这座城市。

"胖子"是美国在日本投下的第二颗原子弹，它造成了大约3.5万人死亡、6万人受伤的悲剧。上图是"胖子"的复制品。

裂变核弹

裂变核弹是通过链式反应来释放大量能量的核弹，它的威力较小，通常在10万吨TNT当量内，使用的核燃料是铀238、钚239等，原子弹就是一种常见的裂变弹。原子弹依靠爆炸时产生的极强的光辐射、高温冲击波和核辐射来杀伤人员和摧毁设施，尤其是核辐射更是贻害无穷。

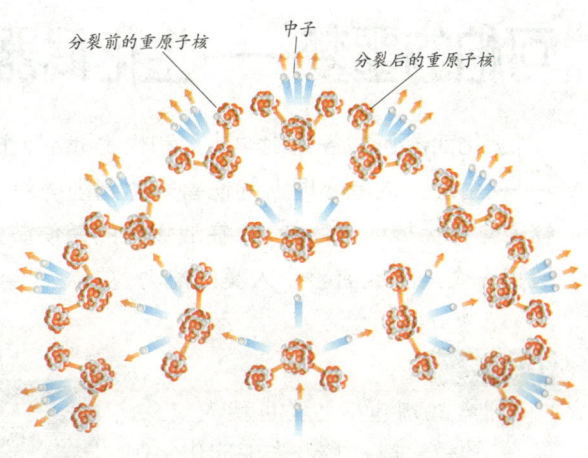

重核裂变的链式反应示意图

聚变核武器

聚变核武器主要利用氢的同位素发生聚变反应来释放能量，聚变所需的高温由裂变核弹提供，也叫热核武器，氢弹就是这种核武器。聚变核武器威力比裂变核武器大许多倍，前苏联曾经实验过一颗当量达到2 500万吨的氢弹。

氢弹原子核反应过程存在着热核反应，又被称为热核武器或热核弹、聚变弹。由于它爆炸产生的放射性物质很多，可造成严重的核污染，又被称为"脏弹"。

中子弹是第三代核武器，是一种用中子流和γ射线为主要杀伤手段的武器。作为战术核武器，具有"高效低耗"的特点。

中子弹

中子弹是一种特殊的核武器，它主要是靠核聚变释放出大量射线来杀伤敌方人员。中子弹的当量较小，只有几千吨，但是对付密集的敌人特别有效，而且还可以杀伤躲在掩体后面的敌人，不会对设备造成太大伤害，也不会带来长期放射性污染。

可怕的噩梦——生化武器

生化武器包括各类化学战剂和生物战剂，主要是通过对对方人员造成生理上或者心理上的伤害来达到削弱对方战争意志的目的。化学武器通常作为战术武器使用，在战场上的杀伤威力惊人；而生物武器则具有毁灭一个人种或者整个人类的能力，被称为"穷国的原子弹"。

化学战剂

化学战剂包括各类可使人窒息、糜烂、神经受损、中毒、失能的化学制剂。现在已知的化学战剂有光气、双光气、沙林、各种有毒气体、芥子气等物质。它们的杀伤原理各不相同，对人体产生危害的程度也不一样，但是都可以大量杀伤敌方人员。

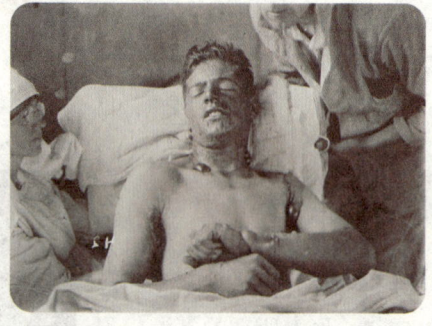
一战中，受到化学武器侵害的英国士兵在医院里接受治疗。

化学武器

化学战剂的防护

化学战剂虽然厉害，但也不是无敌的。在20世纪的几次战争中，人类掌握了一些防御化学武器的技术，并研制了一批有效设备来预防化学武器。化学武器一般都是通过和人体接触来达到伤害目的的，于是就有人发明了防毒面罩和防化服，这样就大大降低了化学战剂的危害。由于化学战剂不分敌我，即使是使用者，也不敢保证己方力量不会受到自己的化学战剂的伤害，所以除非万不得已，一般不会大规模使用化学战剂。

防毒面罩

生物战剂

装填了生物制剂的集束炸弹

生物战剂是指各类能使敌方人员大量伤亡或失能的生物体,主要是各种致病细菌、病毒等微生物。这类战剂危害极大,可以造成对方人员大量伤亡,而且研究成本低。在二战中,丧心病狂的日本法西斯就曾经组建了731部队,专门研究各种生物武器,妄图以此达到战争目的。

生物战剂防护

生物战剂实施方案复杂多变,影响范围大,难以有效防御。对于一些小范围使用的生物战剂,则可以防御,比如要注意卫生,不要在被生物战剂污染的战场上随便行动,准备好防生物武器的设备等。即使在和平年代,也应当多加注意,以防止被微生物的攻击而染病。

防御生物武器的袭击是未来战场上一项很重要的准备

橙 剂

美国在越南战争时使用的"橙剂"炸弹

越战期间,美国人向越南茂密的丛林撒下了被称为"橙剂"的除草剂,以清除越南游击队用来隐蔽的树木和草丛,但是橙剂里含有的一种叫作"二恶英"的化学物质,给越南的生态环境以及民众生活带来了长久的巨大灾难。

未来生物战剂

不断发展的分子生物技术使未来的生物战剂具有更大的破坏力量,因为微生物会自己变异,因此难以控制。在1972年联合国通过了一项公约,限制生物武器的发展和使用。

科技改变世界——未来新式武器

随着科学技术的发展，以前武器的"天敌"纷纷出现，为了应对未来战争，军事科技工作者探索出一些完全不同于以往的新概念武器，这些武器有的已经出现了，有的则还在研究中。

激光武器

激光武器是当前新概念武器中理论最成熟、发展最迅速、最具实战价值的前卫武器。它没有后坐力、不产生污染、命中率极高，因而成为发达国家研制中的重点武器。激光武器主要将用于对付高速小型目标，同时还将广泛用于破坏敌方光学系统和摧毁红外制导系统，另外利用卫星可以有选择地用激光束击中任何人和目标，如果使激光的强度达到一定程度，可以致人于死地。

激光武器

美军展示的战术高能激光器的激光发射控制器

纳米武器

利用纳米技术可以制造很多微型武器，而这些武器是用肉眼看不见的，例如各式各样的袖珍侦察机、战斗机等武器。所有这些纳米武器组配起来，就建成了一支独具一格的"微型军团"。

粒子束武器

粒子束武器就是利用微观粒子构成的定向能量束来摧毁目标的武器。它主要由高能电源、粒子产生装置、加速器和电磁透镜组成，具有快速、高能、灵活、干净和全天候的特点，可在极短时间内命中目标，适合于对付远距离飞行的洲际弹道导弹。

气象武器

气象武器可以影响一个敌对国家或者地区的气象条件,使敌对国家遭受水灾、飓风、雹灾、旱灾和地震,给对方造成极其严重的损失,以削弱敌国的战争能力。

水灾

人工暴雨炸弹的底部

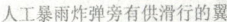

人工暴雨炸弹旁有供滑行的翼

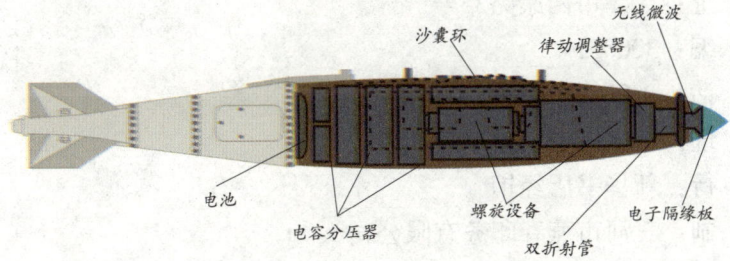

美国 HPM 人工暴雨炸弹结构图

太阳武器

利用大型聚焦镜片在太空中将太阳光聚焦,其热源中心温度可达数千度,可以毁灭地球上的一切,因此利用聚焦太阳光的方法也能杀伤敌方人员和摧毁设施,太阳武器有可能在未来走上战场。

图书在版编目（CIP）数据

交通军事百科 / 黄炜主编. —天津：天津科学技术出版社，2012.4（2019.6重印）
（中国青少年百科全书）
ISBN 978-7-5308-6938-3

Ⅰ.①交… Ⅱ.①黄… Ⅲ.①交通运输—中国—青年读物②交通运输—中国—少年读物③军事—青年读物④军事—少年读物 Ⅳ.①U49②E-49

中国版本图书馆CIP数据核字（2012）第057875号

交通军事百科
JIAOTONG JUNSHI BAIKE

责任编辑：郑　新

出　　版：	天津出版传媒集团 天津科学技术出版社
地　　址：	天津市西康路35号
邮　　编：	300051
电　　话：	（022）23332674
网　　址：	www.tjkjcbs.com.cn
发　　行：	新华书店经销
印　　刷：	三河市燕春印务有限公司

开本 700×1000mm 1/16　印张 9　字数 150 000
2019年6月第1版第3次印刷
定价:29.80元